AF365966

STUD-BOOK

PERCHERON

DE FRANCE

PUBLIÉ PAR LA

SOCIÉTÉ HIPPIQUE PERCHERONNE

Autorisée par le Gouvernement

SIÈGE SOCIAL

NOGENT-LE-ROTROU

(EURE-ET-LOIR)

TOME SEIZIÈME

Étalons & Juments

IMPRIMERIE-LIBRAIRIE-PAPETERIE L. HAMARD

NOGENT-LE-ROTROU

1916

STUD-BOOK

PERCHERON

DE FRANCE

TOME SEIZIÈME

STUD-BOOK

PERCHERON

DE FRANCE

PUBLIÉ PAR LA

SOCIÉTÉ HIPPIQUE PERCHERONNE

Autorisée par le Gouvernement

SIÈGE SOCIAL

NOGENT-LE-ROTROU

(EURE-ET-LOIR)

TOME SEIZIÈME

Étalons & Juments

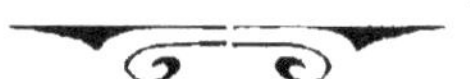

IMPRIMERIE-LIBRAIRIE-PAPETERIE L. HAMARD

NOGENT-LE-ROTROU

1916

Nous, soussignés, constituant le Bureau de la *Société Hippique Percheronne de France*, Société composée de tous les Étalonniers et des Éleveurs du Perche, réunis en association dans le but de conserver pure la race Percheronne, race réputée a juste titre comme donnant les meilleurs chevaux de gros trait du monde ;

Nous publions dans ce seizième volume du *Stud-Book Percheron de France* les certificats d'origine des 2.223 Étalons et 2.390 Juments que nous avons acceptés après examen minutieux et nous les déclarons corrects.

Nogent-le-Rotrou, le 31 Décembre 1919.

Le Président,

H. VILLETTE-GATÉ,

Officier de la Légion d'Honneur

Les Vice-Présidents,

L. AVELINE,   RIVERAIN,

J. AVELINE,   V. TAFFOREAU.

Le Secrétaire,

E. LEMARIÉ.

Le Trésorier,

CH. RENE.

Délégués :

A. BARBET, — H. BEAUCLAIR, — A. BIGNON, — A. BOUTHRY, — E. BURIN, — A. CHAPELLE, — E. COLIN, — A. DELANGE, — E. DESPREZ, J. DUVAL, — A. FEUILLARD, — E. GASSELIN, — E. GAULARD, — A. GROUAS, — D. JOUANNEAU, — A. LALLOUET, — A. LEFEUVRE, — LIROCHON, — L. MOULIN, — Edmond PERRIOT, — Ernest PERRIOT, — E. POUPLIN, — F. SAGOT, — A. TACHEAU, — H. VALLÉE.

STUD-BOOK PERCHERON

ÉTALONS

STUD-BOOK PERCHERON

ÉTALONS

NOM	N°	ROBE		PÈRE	MÈRE
Pacage	127585	noir	1915	Important 80576	Kaoline 97682
Pacanier	124244	n. t. l. r.	1915	Kimberley 92885	Lisette 104767
Pacanier	127623	noir zain	1915	Douvreur ex Couvreur 58335	Coquette 93487
Pacha	124239	noir	1915	Kimberley 92885	Pelote 61208
Pacha	125405	gris-f. v.	1915	Ivan 81244	Gazelle 69475
Pacha	127552	gris t. f.	1915	Klocher 95657	Kavanne 96072
Pacha	127625	noir	1915	Kourlis 95894	Hygie 93469
Pacha	128413	gris	1915	Languedoc 104423	Lisière 103863
Pacha	128654	gris foncé	1915	Kibus 96690	Gabelotte 73235
Pachalik	127593	gris-vin.	1915	Klocher 95657	Mainlevée 110161
Pachalik	127626	gris-foncé	1915	Douvreur ex Couvreur 58335	Mallette 110184
Pacheco	126897	noir	1915	Lanier 101743	Marinette 109317
Pachyderme	128639	noir-m. f.	1915	Kibus 96690	Mirabelle 104797
Pacific	124243	bai	1915	Jonas 81244	Loganie 101060
Pacifique	127551	noir m. f.	1915	Idomen 83507	Corelle 68040
Pacifique	128641	gris-foncé	1915	Languedoc 104423	Languette 104421
Packfond	127627	gris	1915	Douvreur - ex- Couvreur 58335	Kinola 97275
Pacte	124247	gris	1915	Luth 99969	Himère 98155
Pacte	126534	gris-t.-f.	1915	Irradié 83254	Imposte 82098
Pactole	125549	alezan br.	1915	Lapsus 99303	Konce 96353
Pactole	126535	gris foncé	1915	Kabestan 94208	Kéroforme 96081
Pactole	128655	gris-foncé	1915	Languedoc 104423	Kamuse 97431
Pacy	124740	gris-foncé	1915	Ivan 81244	Miction 105271
Pacy	126617	noir	1915	Lamantin 103615	Javotte 86927
Paddock	124240	gris	1915	Languier 100640	Rama 40497

NOM	N°	ROBE	Naissance	PÈRE	MÈRE
Paddock	126917	gris-v.-f.	1915	Huitain 73993	Kératite 92423
Paddock	127630	noir	1915	Kourlis 95894	Coquette 73437
Padirac	126618	noir	1915	Juste 85878	Garmante 98136
Padou	124248	gris	1915	Jean-qui-rit 88772	Galette 71955
Padou	127631	gris	1915	Instar 78857	Sentinelle 62750
Padou	128636	gris-foncé	1915	Kibus 96690	Jalouse 88917
Padouan	126536	gris-vin.	1915	Jorxey 89256	Magie 110983
Padouan	128634	gris r.	1915	Languedoc 104423	Lérins 103942
Padoux	126620	noir	1915	Heainne 75604	Louisette 104682
Paganini	126900	gris-foncé	1915	Lanier 101743	Lésineuse 103075
Pagayeur	124256	gris	1915	Jallieu 86306	Fauvette 49710
Page	126973	gris	1915	Komitat 91759	Aurélie 66665
Page	128713	gris	1915	Kangourou 91649	Coralie 93545
Pagel	124257	gris	1915	Lanier 99292	Lampsaque 101173
Pagnon	124260	noir	1915	Koquelin 92226	Cécile 55231
Pagnon	127633	gris-foncé	1915	Impérator 83461	Malvenue 110199
Pagnoz	126622	noir-m.-t.	1915	Heainne 75604	Ino 79342
Païen	124263	bai-brun	1915	Jonas 84244	Isly 79800
Païen	127437	gris-foncé	1915	Irradié 83254	Karoline 96486
Païen	128683	bai	1915	Karapath 97283	Lichia 101913
Paillard	124264	gris	1915	Juvénal 83553	Fleurette 64894
Paillard	126611	noir	1915	Lieu 104207	Moleskine 110002
Paillard	127635	bai	1915	Kerblanc 93063	Bichette 60199
Paillard	128685	gris	1915	Jan 84219	Surprenante 60180
Paillasse	128687	noir	1915	Lazarre 104493	Camarilla 68950
Paillasson	124266	noir	1915	Juvénal 83553	Hollande 90111
Paillasson	127636	gris-clair	1915	Kerblanc 93063	Pelote 75058
Paillet	124267	gris-clair	1915	Juvénal 83553	Sauvons-Nous 53553
Paillet	126625	gris-cend.	1915	Joliet 89140	Jacqueline 85376
Paillet	126903	gris	1915	Lichas 98731	Crevette 64806
Paillet	127638	gris	1915	Kourcaillet 95893	Huallaga 76118
Pailleur	124268	gris-foncé	1915	Kontemporain 91579	Lettrine 99699
Pailleur	127640	gris foncé	1915	Instar 78857	Kolette 97737
Pailleux	124270	gris r. cl.	1915	Kontemporain 91579	Ionienne 81437
Pailleux	127642	gris	1915	Loch 98957	Kourse 95897
Paillis	124271	gris	1915	Jean-qui-rit 88772	Pelote 54330
Paillis	127556	noir	1915	Kabestan 94208	Métabole 110469
Paillis	127643	noir	1915	Douvreur-ex-Couvreur 58335	Mésie 108471
Paillon	124273	gris	1915	Iowa 80989	Harasse 74359
Paillon	125175	noir	1915	Limon 99810	Paquerette 53589
Paillon	127559	noir	1915	Léandre 99625	Frisette 50079
Paillon	127644	noir	1915	Douvreur ex-Couvreur 58335	Dragonne 59684
Paillot	124274	noir	1915	Kaleul 92482	Malvina 68751
Paillot	127645	gris-foncé	1915	Loch 98957	Lamie 87640
Pailly	126627	gris-foncé	1915	Heainne 75604	Houblonnière 7604

NOM	N°	ROBE	NAISSANCE	PÈRE	MÈRE
Paimbœuf	125307	gris foncé	1915	Luth 99969	Jeannette 98095
Paimbœuf	126630	gris	1915	Korbeau 95023	Hottée 75770
Paimpol	125508	gris	1915	Liguori 103360	Hachette 74156
Paimpol	126631	noir	1915	Korbeau 95023	Vigoureuse 55962
Paimpol	126904	gris	1915	Célibat 64968	Gaffe 93399
Pain	124672	gris fer	1915	Lasso 103951	Cigarette 66617
Paindépis	125429	noir	1915	Laboureur 104443	Féverolle 62738
Painsec	125400	gris	1915	Lagor 100512	Turbine 63515
Painsec	125494	noir	1915	Insipide 82466	Jadore 86582
Pair	124275	gris	1915	Koriolan 92013	Loterie 99050
Pair	127655	noir m. t	1915	Limonadier 101461	Fadette 98298
Pairoux	126632	gris fer	1915	Korbeau 95023	Jarrie 87407
Paisible	124276	gris	1915	Jalléon 86306	Hydrofuge 74455
Paisible	124645	gris foncé	1915	Limon 99810	Muse 106702
Paisseau	124277	noir	1915	Jalléon 86306	Académie 66422
Paisseau	127558	gris	1915	Léandre 99625	Légation 104312
Paisson	124285	gris foncé	1915	Kalot 92507	Mouxette 84359
Paix	124827	noir	1915	Fier à Bras 65250	Sarah 48098
Paix	125415	noir	1915	Lescape 99345	Kaprikine 89885
Pajot	125481	noir	1915	Luth 99969	Gada 71429
Pal	124278	noir	1915	Karolus 93008	Olga 67562
Paladin	124279	noir	1915	Juvénal 83553	Jappante 84570
Paladin	125437	gris foncé	1915	Labruty 99249	Kagosse 92657
Paladin	125596	noir	1915	Kimberley 92885	Bichette 54430
Paladin	125801	bai-brun	1915	Lumineux 100865	Coquette II 65092
Paladin	127514	noir	1915	Idomen 83507	Biche 75213
Paladin	127657	gris	1915	Latin 100016	Pelotte 61238
Paladin	128681	gris-foncé	1915	Lazarre 104493	Koelette 96712
Paladin	128767	gris	1915	Karapath 97283	Kénia 97324
Palais	124283	gris-clair	1915	Jean-qui-rit 88772	Gondole 70013
Palais	125110	noir	1915	Japon 84819	Princesse 50764
Palais	125426	gris-vin.	1915	Latécien 102720	Inquiète 78819
Palais	126522	gris foncé	1915	Douvreur-ex-Couvreur 58335	Logique 102589
Palais	126633	noir	1915	Lasso 103951	Jove 87474
Palais	127508	noir	1915	Kabestan 94208	Hableuse 77936
Palais	127659	noir	1915	Impérator 83461	Lisette 75002
Palaiseau	126520	gris	1915	Longtemps 102618	Gambade 81590
Palaiseau	126638	gris foncé	1915	Kodi 94246	Bourreau 48132
Palan	124284	gris-foncé	1915	Guignolet 70023	Jacquerie 84686
Palan	126830	gris	1915	Irradié 83254	Impératrice 82832
Palan	127664	gris	1915	Douvreur-ex-Couvreur 58335	Mousette 57514
Palançon	124286	gris	1915	Kalot 92507	Charmante 54355
Palangrin	124299	gris	1915	Képi 91690	Historienne 75787
Palanquin	126832	noir-m.-t.	1915	Ichneumon 80679	Illumination 82558
Palanquin	127070	gris	1915	Lieuvin 103348	Iseline 80893

NOM	N°	ROBE	Naissance	PÈRE	MÈRE
Palanquin	128662	bai-brun	1915	Karapath 97283	Gondole 97718
Palastre	124301	noir	1915	Képi 91690	Logette 54199
Palatin	124302	bai-brun	1915	Képi 91690	Lignime 100068
Palatin	126519	gris	1915	Longtemps 102618	Librairie 98674
Palatin	126833	gris vin.	1915	Iradié 83254	Mondanité 110026
Palatin	127675	noir	1915	Latin 100016	Volga 55236
Palatinat	124287	gris-foncé	1915	Larret 100780	Abondance 66174
Palatinat	126521	noir	1915	Douvreur ex-Couvreur 58335	Korne 91041
Palatinat	128768	gris-foncé	1915	Lazarre 104493	Koranette 97261
Palefrenier	128664	gris	1915	Loupillon 99586	Mignonne 104862
Palefroi	124289	gris	1915	Logos 99473	Jolie 83945
Palefroi	126597	noir	1915	Kontemporain 91579	Jérémiade 88693
Palefroi	128720	noir	1915	Lazarre 104493	Fanny 97714
Palémon	124290	noir	1915	Jua 83570	Jaseuse 83844
Paléo	124292	gris	1915	Labruty 99249	Hyades 73967
Paleron	124293	noir	1915	Labruty 99249	Lanule 101108
Paleron	126599	noir-zain	1915	Ichneumon 80679	Impression 82518
Paleron	127678	gris	1915	Latin 100016	Colombine 64581
Palestro	126523	gris-foncé	1915	Douvreur ex-Couvreur 58335	Martinière 110126
Palestro	126594	noir	1915	Incident 80133	Kaïnite 97665
Palestro	126810	gris	1915	Jaseur 89506	Roulette 66170
Palestro	126925	noir	1915	Lapereau 100259	Voltige 63273
Palet	124297	gris-foncé	1915	Kimberley 92885	Suzon 65580
Palet	127679	alezan	1915	Longtemps 102618	Uranie 54488
Paletot	124303	gris-neigé	1915	Jonas 84244	Kétanose 90311
Paletot	127680	noir	1915	Lycaon 103544	Jurable 87335
Pali	124311	gris l.-cl.	1915	Kruor 91865	Locride 98790
Palikao	126046	gris-foncé	1915	Jean qui-rit 88772	Kahotine 95506
Palikao	126542	gris	1915	Juste 85878	Mironne 108822
Palikao	126595	noir	1915	Juste 85878	Magie 108949
Palikao	126798	noir	1915	Indécis 83374	Hyoïde 77584
Palikare	127509	gris-clair	1915	Jorxey 89256	Mignonne 57253
Palinod	127681	gris	1915	Livarot 100341	Gargamelle 98304
Palis	124322	noir	1915	Jonas 84244	Kadèle 90306
Palissandre	127511	noir	1915	Idomen 83507	Javeline 88686
Palisson	124360	noir	1915	Iowa 80989	Karpelle 93009
Palissot	126930	gris	1915	Lods 100359	Grenaille 71157
Palissot	128033	noir	1915	Loch 98957	Liaison 104884
Palissy	125361	noir	1915	Kimberley 92885	Mongolie 105217
Palissy	126600	gris-foncé	1915	Lasso 103954	Harpie 75549
Palissy	126933	bai-brun	1915	Lapereau 100259	Kaxti 93923
Palladium	127486	gris-noir	1915	Lamantin 103615	Lampourde 103639
Pallas	126963	gris	1915	Jugal 85444	Géorgina 69853
Palleron	128665	gris-foncé	1915	Karapath 97283	Hirondelle 97727
Pallier	128666	gris	1915	Karapath 97283	Lina 104460

NOM	N°	ROBE	Naissance	PÈRE	MÈRE
Pallium	127484	gris-noir	1915	Lamantin 103615	Lampisterie 103638
Palma	126776	gris	1915	Indécis 83374	Justesse 84613
Palmarès	124361	alezan	1915	Iowa 80989	Hénissante 77161
Palmarès	125421	noir	1915	Lorientais 103276	Cornillère 63688
Palmarès	126777	gris-foncé	1915	Indécis 83374	Kreusette 94406
Palmarès	127510	gris-foncé	1915	Léandre 99625	Kodolette 96783
Palmarès	127682	gris	1915	Longtemps 102618	Filine 64690
Palmarès	128668	gris-r.	1915	Lazarre 104493	Paquerette 50545
Palmas	126650	noir	1915	Jupiter 88668	Jacasse 86778
Palmier	124326	gris	1915	Kroquet 91851	Ida 80357
Palmier	127571	gris-clair	1915	Camail 67771	Incomprise 82523
Palmier	127685	noir	1915	Julien 87316	Gouttière 69681
Palmier	128657	gris	1915	Languedoc 104423	Goguette 72707
Palmilobé	127686	gris	1915	Latin 100016	Locative 102573
Palmiste	127470	g. n. m. t.	1915	Importun 80576	Indépendance 82582
Palmiste	128659	gris-foncé	1915	Kaisson 97384	Kaoline 97666
Palmite	127586	noir-m.-t.	1915	Kidney 96741	Judith 93426
Palmyr	126539	noir-zain	1915	Lori 102083	Marquise 50617
Palmyre	125417	gris	1915	Lutécien 102720	Jovialité 85154
Palois	124327	noir	1915	Kaniveau 90726	Écorce 64438
Palois	127690	gris	1915	Julien 87316	Losse 102632
Palonnier	127692	gris	1915	Julien 87316	Gitana 70028
Palos	126956	gris-foncé	1915	Jean-qui-rit 88772	Ingénue 81109
Palot	124354	gris	1915	Languier 100640	Coquette 49177
Palot	127691	noir	1915	Julien 87316	Hongrie 98307
Palpébral	127693	noir	1915	Julien 87316	Meuse 106039
Palpitant	124355	gris	1915	Languier 100640	Ladrerie 100574
Palpitant	127577	gris-noir	1915	Importun 80576	Bologne 93419
Palpitant	127694	gris-clair	1915	Julien 87316	Lessive 98017
Palsambleu	124328	noir	1915	Kaniveau 90726	Mandoline 58325
Palsambleu	127695	gris	1915	Julien 87316	Hélice 76059
Paltoquet	124334	noir	1915	Kimberley 92885	Paulette 65143
Paltoquét	127696	noir m. t.	1915	Julien 87316	Véra 38850
Paltoquet	128693	gris	1915	Kaduc 95523	Eugénie 57107
Paludéen	124337	noir	1915	Kimberley 92885	Jubile 83585
Paludéen	127697	gris	1915	Kourlis 95894	Juaye 88618
Paludier	124338	gris-foncé	1915	Kontemporain 91579	Jéricho 84760
Paludier	127576	noir	1915	Importun 80576	Bravoure 63187
Paludier	127698	gris	1915	Douvreur-ex-Couvreur 58335	Ispahan 83128
Paludier	128660	noir	1915	Kapou 97485	Kama 96747
Palus	124329	gris-clair	1915	Kommis 93104	Kanète 90605
Palus	127699	gris	1915	Lasso 103951	Justice 88656
Palustre	128698	gris-foncé	1915	Loto 104424	Fanchette 98455
Pamiers	124802	noir	1915	Languier 100640	Giboulée 70930
Pamiers	126651	noir	1915	Jupiter 88668	Lamarque 102025

NOM	N°	ROBE	Naissance	PÈRE	MÈRE
Pamir	126548	gris	1915	Lasso 103951	Kohérente 95687
Pampas	124941	noir	1915	Lucumon 100857	Korée 90367
Pampéen	124340	noir	1915	Kalot 92507	Jantière 85627
Pampéen	127705	noir	1915	Kourlis 95894	Harassée 74071
Pampelune	124878	gris-foncé	1915	Jugal 85444	Métromanie 107366
Pampéro	127707	gris	1915	Lutécien 102720	Houc 74449
Pamphile	124343	noir	1915	Labruty 99249	Lavinie 100532
Pamphlet	124344	gris-foncé	1915	Kalot 92507	Glissière 70025
Pamphlet	127574	gris	1915	Kydney 96741	Coquette 50390
Pamphlet	127708	gris	1915	Impérator 83461	Algérie 64938
Pamplemousse	124210	noir	1915	Larpent 99117	Albane 66867
Pampre	127573	bai	1915	Kidney 96741	Indienne 81115
Pan	124330	gris	1915	Kimberley 92885	Pâquerette 66503
Pan	124565	noir-zain	1915	Komitat 91759	Houle 76333
Pan	127501	gris	1915	Juliopolis 86746	Imparité 82525
Panaché	124331	noir	1915	Kimberley 92885	Kambrure 92516
Panaché	124626	bai	1915	Lumineux 100865	Marquise 108079
Panaché	127497	gris-noir	1915	Ichneumon 80679	Liante 104171
Panache	127498	noir	1915	Irradié 83254	Ménille 110389
Panaché	127711	gris	1915	Iran 81419	Hampe 75827
Panaché	128699	noir	1915	Languedoc 104423	Gossette 93318
Panage	127505	gris-noir	1915	Garo 70714	Vigilante 53595
Panais	124346	gris-noir	1915	Larret 100780	Bijou 54340
Panais	127504	noir	1915	Garo 70714	Indépendance 83523
Panais	127709	noir	1915	Languier 100640	Lourdise 102663
Panais	128564	noir-zain	1915	Kerdrain 95437	Ida 96856
Panama	124349	noir	1915	Kalot 92507	L'Amie 75064
Panama	126544	noir	1915	Incident 80133	Marsa 108884
Panama	127710	gris	1915	Lieuvin 103348	Biche 49435
Panama	128415	gris	1915	Loto 104424	Joanne 89249
Panama	128696	gris-rouan	1915	Loto 104424	Brillante 51114
Panaris	124479	gris	1915	Lafayette 100646	Isle 79792
Panaris	127715	gris	1915	Luron 97902	Hamette 76556
Panazol	126660	noir	1915	Jupiter 88668	Koire 102230
Pancrace	125515	gris	1915	Janséniste 86818	Galante 69161
Pancrace	127503	alezan-f.	1915	Léandre 99625	Béatrix 51568
Pancrace	127719	gris-foncé	1915	Lasso 103951	Joze 88614
Pancrace	128561	noir-m.-t.	1915	Kaduc 95523	Koryzanne 96702
Pancréace	125592	gris	1915	Jua 83570	Lourdisse 100837
Pancréas	127438	gris-fer	1915	Indécis 83374	Hallucinée 74595
Pandanus	127723	gris	1915	Latin 100016	Konakry 96197
Pandit	124375	gris-foncé	1915	Long 99533	Instinctive 81107
Pandit	127728	noir	1915	Latin 100016	Gigolette 72059
Pandor	125244	gris	1915	Laboureur 104443	Pâquerette 98605
Pandore	124377	noir	1915	Lorientais 103276	Pauline 61356

NOM	N°	ROBE	Naissance	PÈRE	MÈRE
Pandore	125493	gris	1915	Lissoir 99476	Joyeuse 86422
Pandore	125553	gris-fer	1915	Lapsus 99303	Lutine 99085
Pandore	127730	gris	1915	Julien 87316	Luxuriance 102737
Pandore	128625	noir	1915	Loto 104424	Emule 81831
Pandour	124379	gris-cl.	1915	Kalot 92507	Castille 47312
Pandour	127475	gris-vin.	1915	Juliopolis 83716	Marinette 52704
Pandour	128626	gris	1915	Loto 104424	Galère 96943
Pané	124635	noir	1915	Japon 84819	Mouchette 105698
Panet	124398	noir	1915	Juvénal 83553	Harmonie 74183
Panetier	124387	gris	1915	Kroquet 91851	Bijon 53555
Panetier	127516	gris	1915	Klocher 95557	Javelle 88674
Paneton	124390	gris-foncé	1915	Kimberley 92885	Munition 106890
Panfil	124594	gris-foncé	1915	Gazier 69350	Neva 54392
Pangolin	124392	gris-foncé	1915	Koriolan 92013	Hibernation 75693
Pangolin	127515	noir	1915	Importun 80576	Illusion 82564
Pangolin	127614	gris	1915	Loupillon 99586	Margot 54224
Panic	124393	gris	1915	Lumineux 100865	Kourtoisie 91365
Panier	124394	gris-foncé	1915	Krutor 91865	Plaisante 62034
Panier	127743	gris-clair	1915	Latin 100016	Henriette 81598
Panizzi	126965	noir	1915	Lapereau 100259	Biche 48238
Panka	127716	gris	1915	Languier 100640	Joyeuse 87157
Panné	124309	noir	1915	Juin 83623	Iniquité 78792
Panné	127745	gris	1915	Latin 100016	Image 82902
Panneau	124399	gris-foncé	1915	Kontemporain 91579	Galipette 52609
Panneau	127532	gris-foncé	1915	Irradié 83254	Bruyère 63101
Panneau	127744	gris-foncé	1915	Latin 100016	Poule 54088
Pannequet	124476	gris	1915	Lasso 103951	Brillante 54482
Pannetier	124678	noir	1915	Lapereau 100259	Konstitution 91571
Panneton	127528	gris-vin.	1915	Garo 70714	Biche 98376
Panneton	127746	noir-m.-t.	1915	Latin 100016	Lisière 104457
Pannonien	127747	gris	1915	Julien 87316	Ingénue 81288
Panonceau	127750	gris	1915	Longtemps 102618	Kourgane 96314
Panorama	124430	noir	1915	Kontemporain 91579	Gauloise 90149
Panorama	127526	noir	1915	Garo 70714	Jane 98292
Panorama	127751	gris	1915	Latin 100016	Neigeuse 59277
Panorama	128707	noir	1915	Loquace 104466	Lyre 104491
Pamphlet	125265	gris	1915	Japon 84819	Maine 105969
Pansard	124431	noir	1915	Guignolet 70023	Jumenteuse 88041
Pansard	125943	noir	1915	Kimberley 92885	Lusace 99247
Pansard	127752	noir	1915	Julien 87316	Précieuse 68100
Pansu	127755	noir	1915	Impérator 83461	Rapide 55465
Pantagruel	126546	gris	1915	Lion 100756	Girouette 98357
Pantagruel	126610	noir	1915	Importun 80576	Libéle 104895
Pantagruel	126987	noir-zain	1915	Lion 100756	Kastille 95408
Pantalon	124401	gris	1915	Kimberley 92885	Geneviève 69949

NOM	N°	ROBE	Naissance	PÈRE	MÈRE
Pantalon	125176	gris-foncé	1915	Limon 99810	Kusmat 90395
Pantalon	127519	noir	1915	Jainukle 86456	Polka 68062
Pantalon	127756	gris	1915	Kerblanc 93063	Sociale 60470
Pantelant	124402	gris	1915	Kimberley 92885	Chaînette 67788
Panthéon	124403	gris	1915	Languier 100640	Laiterie 100594
Panthéon	125496	noir	1915	Julien 87316	Helote 76693
Panthéon	125584	alezan-br.	1915	Lumineux 100865	Laragne 100900
Panthéon	126989	gris-fer-f.	1915	Lion 100756	Kerlapine 95977
Panthéon	127523	gris-foncé	1915	Gratien 71007	Modérée 108767
Panthéon	127757	gris	1915	Latin 100016	Fauvette 69200
Pantin	124490	gris	1915	Karolus 93008	Gripetout 70625
Pantin	125469	noir-zain	1915	Lasso 103951	Mouvette 54214
Pantin	125713	gris	1915	Jasmin 83835	Vitesse 55503
Pantin	126983	noir	1915	Komitat 91759	Kuizine 91734
Pantin	127596	noir	1915	Kabestan 94208	Jonquille 87271
Pantin	127760	noir	1915	Instar 78857	Muscade 73329
Pantin	128706	noir	1915	Lazarre 104493	Fadola 96842
Panto	124418	noir-zain	1915	Guignolet 70023	Intense 78666
Panto	127761	gris	1915	Latin 100016	Lisette 69202
Pantois	124411	noir	1915	Lumineux 100865	Rigolette 43696
Pantois	127762	noir	1915	Kerblanc 93063	Konsoude 95799
Pantouflier	127763	noir	1915	Latin 100016	Koquette 95806
Panurge	124423	gris	1915	Lasso 103951	Joyeuse 85155
Panurge	126990	noir	1915	Lion 100756	Kadija 90963
Panus	124413	gris clair	1915	Kalot 92507	Jacasse 86098
Panus	127767	gris	1915	Latin 100016	Kourtine 96580
Paoli	125468	gris	1915	Lutécien 102720	Juvénie 88658
Paoli	126549	noir	1915	Iowa 80989	Souris 64070
Paoli	126991	noir	1915	Lapereau 100259	Historique 98481
Paon	124417	gris-foncé	1915	Lucumon 100857	Goguette 97429
Paon	127770	gris-foncé	1915	Impérator 83461	Jacque 87369
Paonneau	124420	noir	1915	Lanier 101743	Sésostrie 65551
Papa	125197	gris	1915	Loris 100377	Lancette 50607
Papa	127595	gris-foncé	1915	Jorxey 89256	Gamme 73173
Papal	127773	gris-clair	1915	Latin 100016	Gilberte 70886
Papalin	124428	gris	1915	Kalot 92507	Lavisse 100534
Papas	124435	gris-foncé	1915	Kalot 92507	Hulotte 67045
Papayé	125225	gris	1915	Loris 100377	Marinette 105332
Pape	124651	noir	1915	Japon 84819	Castille 48097
Papelard	124436	noir	1915	Kalot 92507	Kornette 91634
Papelard	127549	gris-vin.	1915	Irradié 83254	Gélatine 59461
Paperassier	124427	gris-noir	1915	Koucou 91328	Lasablière 100908
Papetier	124437	noir	1915	Hiersac 76358	Bergère 98443
Papetier	127565	noir	1915	Importun 80576	Liesse 104268
Papetier	127778	gris	1915	Longtemps 102618	Fleurette 49251

NOM	N°	ROBE	Naissance	PÈRE	MÈRE
Papier	124442	bai-brun	1915	Célibat 64968	Belle-Image 63476
Papier	124942	noir	1915	Laboureur 104443	Yvette 78890
Papier	127564	gris	1915	Kidney 96741	Banqueroute 63502
Papier	127779	gris	1915	Bouvreur-ex-Couvreur 58335	Guillaumette 72102
Papilleux	124443	noir	1915	Lanier 101743	Amanda 63982
Papilleux	127780	noir-m.-t.	1915	Kourlis 95894	Kongrue 95778
Papillon	124426	gris	1915	Koncou 91328	Iole 80783
Papillon	125103	noir-zain	1915	Fier-à-Bras 65250	Parisienne 61773
Papillon	125177	gris	1915	Limon 99810	Loupe 99273
Papillon	126785	noir	1915	Lambèse 100524	Kermesse 94528
Papillon	126834	gris	1915	Laceron 98868	Biche 54382
Papillon	126921	bai brun	1915	Célibat 64968	Lisa 103046
Papillon	127781	gris-foncé	1915	Kourlis 95894	Akkarine 57159
Papillon	128670	gris foncé	1915	Kangurou 91649	Rosette 84473
Papin	125291	gris	1915	Josué 88841	Décrochée 75050
Papin	126550	gris	1915	Iowa 80989	Jouvence 86257
Papin	127009	gris-foncé	1915	Huitain 73993	Charmante 84552
Papinien	127008	noir	1915	Lorientais 103276	Lecture 104078
Papion	124448	noir	1915	Kalot 92507	Jamaïque 51312
Papion	127784	gris	1915	Longtemps 102618	Charlotte 49285
Papirius	125031	gris	1915	Lori 102083	Lette 104136
Papirius	127005	noir	1915	Huitain 73993	Iascarte 82216
Papiste	127434	noir	1915	Léandre 99625	Flora 60893
Papiste	128674	gris	1915	Kangurou 91649	Kératite 96794
Papuleux	124459	noir	1915	Levant 99401	Gigolette 98138
Papuleux	127785	gris	1915	Longtemps 102618	Iacinthe 64550
Papyracé	124458	noir	1915	Lanier 101743	Comète 67560
Papyrus	124450	noir	1915	Kontemporain 91579	Amusante 55461
Papyrus	125439	gris	1915	Josué 88841	Grandeur 71347
Papyrus	126614	gris-noir	1915	Jorxey 89256	Lente 101842
Papyrus	127024	gris-fer	1915	Jouillat 88642	Juvénile 86882
Papyrus.	127786	gris-foncé	1915	Kourlis 95894	Konjugale 95781
Papyrus	128712	gris-foncé	1915	Kangurou 91649	Ida 82667
Paquebot	124451	gris t.-cl.	1915	Kontemporain 91579	Gosette 70494
Paquebot	127611	bai	1915	Ichneumon 80679	Élégante 55555
Paquebot	127787	gris-clair	1915	Instar 78857	Jaserie 87213
Paquebot	128754	gris	1915	Lazarre 104493	Messaline 104905
Paquelin	124513	gris-foncé	1915	Laboureur 104443	Mignonne 105260
Pâqueret	125132	noir	1915	Japon 84819	Pistache 47699
Paquet	124453	noir	1915	Kalot 92507	Jubine 85260
Paquet	124553	noir	1915	Juin 83623	Cime 67306
Paquis	127531	gris-r.	1915	Jorxey 89256	Robine 67158
Pâquis	127794	noir	1915	Instar 78857	Konséquence 95789
Parabasis	124454	noir	1915	Kalot 92507	Hongrie 73599
Parachute	124198	gris	1915	Kalot 92507	Mirette 59384

NOM	N°	ROBE	Naissance	PÈRE	MÈRE
Parachute	124433	noir	1915	Ivan 81244	Irénée 78899
Parachute	128677	gris	1915	Lazarre 104493	Bénédictine 68249
Paraclet	127590	noir	1915	Kabestan 94208	Manitora 111074
Paraclet	127795	noir-zain	1915	Kourlis 95894	Islande 84430
Paradis	124456	noir	1915	Kommis 93104	Bijou 65483
Paradis	124570	gris	1915	Lumineux 100865	Chochotte 53916
Paradis	126781	noir	1915	Lambesc 100524	Intrigante 93276
Paradis	127796	bai	1915	Latin 100016	Konsigne 95792
Paradisier	124465	noir-zain	1915	Lauriétin 98638	Kouleuvre 91333
Parados	124461	gris-clair	1915	Jean-qui-rit 88772	Gaffe 70967
Parados	127798	gris	1915	Languedoc 104423	Jezabel 89247
Paradoxal	124466	gris	1915	Kimberley 92885	Laure 58458
Paradoxe	127588	noir	1915	Importun 80576	Liliacée 104250
Paradoxe	128673	noir	1915	Lazarre 104493	Hélhe 97725
Parage	127581	noir-zain	1915	Lédon 101823	Castille 55497
Paragon	128702	gris	1915	Lazarre 104493	Elvire 98620
Paraguay	125386	noir	1915	Lutécien 102720	Habileté 76492
Paraguay	126552	noir	1915	Iowa 80989	Isabelle 81395
Paraguay	127002	alezan-r.	1915	Huitain 73993	Brebis 97133
Paramé	125472	gris	1915	Labruty 99249	Kilmame 92269
Paramètre	127569	noir	1915	Ichneumon 80679	Kildare 96047
Parangon	124467	noir	1915	Lambris 97845	Impunité 80369
Parangon	127799	gris-clair	1915	Longtemps 102618	Guillemine 72092
Parapet	124217	gris-foncé	1915	Kommis 93104	Lichette 99101
Parapet	124307	gris	1915	Labruty 99249	Larche 100142
Parapet	127568	noir	1915	Kabestan 94208	Kostrouia 96058
Parapet	127801	gris	1915	Douvreur-ex-Couvreur 58335	Koksinéle 95678
Parapet	128703	noir	1915	Lazarre 104493	Farandole 98261
Parapluie	124512	gris-foncé	1915	Lustre 99965	Rocheuse 48020
Parasite	124472	noir	1915	Koriolan 92013	Laborieuse 100556
Parasite	127546	gris-foncé	1915	Klocher 95657	Illusion 82827
Parasite	128682	noir	1915	Lazarre 104493	Jeandelize 87539
Parasol	124473	noir	1915	Kimberley 92885	Isolée 80486
Parasol	125329	gris	1915	Lustre 99965	Karavane 90796
Parasol	125384	noir-zain	1915	Lasso 103951	Perlette 59959
Parasol	127567	gris-vin.	1915	Léandre 99625	Houppelande 78279
Parasol	127803	noir	1915	Kidney 96741	Jade 87173
Parasol	128714	gris	1915	Kangurou 91649	Hortense 73757
Paratonnerre	125324	noir-zain	1915	Lori 102083	Ivrette 80861
Paravent	124855	noir	1915	Lumineux 100865	Helda 73774
Paravent	125317	gris-foncé	1915	Laboureur 104443	Bisbille 59756
Paravent	127563	gris-fer	1915	Jeuneur 86944	Liane 101385
Paravent	127804	noir	1915	Luron 97902	Cocotte 64600
Paravent	128715	gris	1915	Kangurou 91649	Mère 109727
Paray	126666	noir	1915	Incident 80133	Koralie 94019

NOM	N°	ROBE	Naissance	PÈRE	MÈRE
Parbleu	124473	bai-brun	1915	Képi 91690	Losse 100373
Parbleu	125121	noir	1915	Japon 84819	Rosette 54045
Parbleu	127807	noir	1915	Krural 91866	Hémiopie 75805
Parc	124977	noir	1915	Larret 100780	Mandoline 68538
Parc	127810	noir	1915	Lieuvin 103348	Labiche 102765
Parchemin	124482	noir	1915	Kimberley 92885	Kourtine 91357
Parchemin	125061	noir	1915	Jallieu 86306	Hygie 76737
Parchemin	127562	noir	1915	Jeuneur 86944	Kada 92227
Parchemin	127815	gris	1915	Impérator 83461	Armerica 59750
Parchemin	128704	gris-foncé	1915	Lazarre 104493	Docile 49776
Parcours	124485	gris-foncé	1915	Kimberley 92885	Sirène 64866
Parcq	126669	noir	1915	Juste 85878	Moustache 108998
Pardessus	124498	noir	1915	Lorientais 103276	Charmante 73337
Pardi	124497	gris	1915	Guignolet 70023	Honorée 78258
Pardo	126553	noir	1915	Iowa 80989	Mission 106837
Pardon	124500	noir-zain	1915	Kalot 92507	Kalmia 92420
Pardon	127772	noir	1915	Klanstral 91061	Hippone 98596
Paréatis	124501	noir	1915	Kalot 92507	Vicote 52261
Paréatis	127819	gris-foncé	1915	Longtemps 102618	Mouvette 66817
Pareil	124502	bai	1915	Lion 100756	Kroisette 94148
Pareil	127820	gris-foncé	1915	Julien 87316	Jitomir 88531
Parement	124505	noir	1915	Lapsus 99303	Coquette 50445
Parent	124509	gris-vin.	1915	Lafayette 100646	Lapin 61206
Parento	127821	gris-foncé	1915	Julien 87316	Charmante 50055
Paresseux	124510	gris	1915	Lumineux 100865	Gabelette 69926 bis
Paresseux	127823	gris	1915	Livarot 100341	Gitane 72104
Paresseux	128036	gris	1915	Loto 104424	Qune 51094
Pareur	127613	g.-f-c-d-m.	1915	Jeuneur 86944	Motrice 108963
Pareur	127824	gris-foncé	1915	Latin 100016	Ketmie 94644
Parfait	124516	noir	1915	Lapereau 100259	Lacinée 101663
Parfait	124913	noir	1915	Insipide 82466	Jeannette 85226
Parfait	127541	rouan	1915	Lédon 101823	Immolation 82552
Parfait	127827	noir	1915	Insipide 82466	Krète 91416
Parfait	128650	gris-foncé	1915	Jan 84219	Jachère 98527
Parfois	124521	noir	1915	Lanier 99292	Salamandre 46378
Parfois	127831	noir	1915	Lasso 103951	Lamare 103439
Parfum	124522	gris	1915	Lanier 99292	Goguette 69638
Parfum	127540	noir	1915	Lieu 104207	Kouko 96140
Parfum	127828	noir	1915	Insipide 82466	Mime 107855
Parfum	128651	gris-foncé	1915	Jan 84219	Loque 102617
Parfumeur	124187	gris	1915	Hanneton 75587	Jade 85234
Parfumeur	127829	noir	1915	Insipide 82466	Homophonie 75638
Parfumeur	128557	gris-foncé	1915	Kadue 95523	Larcine 104553
Pargué	124523	gris	1915	Lafayette 100646	Serpolette 64831
Pargué	127832	noir	1915	Douvreur-ex-Couvreur 58335	Trompeuse 68027

NOM	N°	ROBE	Naissance	PÈRE	MÈRE
Pari	124524	noir-zain	1915	Lafayette 100646	Lisette 59535
Pari	127833	gris-foncé	1915	Instar 78857	Varsoviana 55875
Paria	124525	noir	1915	Lafayette 100646	Kabelle 90862
Paria	125193	noir	1915	Loris 100377	Régate 66734
Paria	127539	gris-noir	1915	Lieu 104207	Imminence 82551
Paria	127834	noir-m.-t.	1915	Kodi 94246	Hébé 75837
Parian	124528	gris-t.-f.	1915	Lumineux 100865	Lise 61733
Parian	127840	noir	1915	Groducteur 72665	Missive 107385
Parias	124914	bai	1915	Insipide 82466	Civette 67376
Pariétal	124529	noir	1915	Kimberley 92885	Crailleuse 68830
Pariétal	127841	gris	1915	Julien 87316	Germaate 70204
Parieur	124531	noir	1915	Képi 91690	Moleskine 106014
Parieur	127471	gris-foncé	1915	Lysias 103555	Ida 87604
Parieur	127842	bai brun	1915	Julien 87316	Eglantine 57104
Paripenné	124532	noir	1915	Fier-à-Bras 65250	Rosette 59214
Paris	124493	noir-zain	1915	Lods 100359	Moukden 65180
Paris	126671	gris	1915	Jupiter 88668	Lacasse 101994
Paris	127012	gris-foncé	1915	Lorientais 103276	Esther 98442
Parisien	124534	noir-zain	1915	Kommis 93104	Larve 100116
Parisien	127845	gris	1915	Jointif 87256	Poule 49976
Parisien	128572	gris-foncé	1915	Loupillon 99586	Kildare 96644
Parisis	124535	gris-foncé	1915	Languier 100640	Inscrite 80358
Parisis	127014	noir	1915	Lorientais 103276	Katir 95180
Parisis	127847	noir	1915	Jointif 87256	Lanterne 104307
Parisot	126672	gris-t.-f.	1915	Jupiter 88668	Junon 86766
Parlement	124538	bai	1915	Kommis 93104	Mascotte 47733
Parlement	127850	gris clair	1915	Klaustral 91061	Gaminerie 72247
Parleur	124542	noir	1915	Lansquenet 99293	Lumière 100420
Parleur	127852	gris	1915	Julien 87316	Latomie 101784
Parloir	127853	gris-foncé	1915	Julien 87316	Kabaulie 97254
Parmain	127468	noir	1915	Importun 80576	Béatrice 93422
Parmentier	125000	gris-foncé	1915	Guignolet 70023	Lampe 100643
Parmentier	126315	noir	1915	Guignolet 70023	Géraldine 69557
Parmentier	126960	gris-foncé	1915	Komitat 94759	Katirial 93888
Parmesan	124545	gris	1915	Limacien 99821	Bijou 54460
Parmesan	124898	gris-vin.	1915	Léandre 99625	Jennette 88733
Parmesan	127026	noir	1915	Huitain 73993	Givre 98469
Parmesan	127848	noir	1915	Livarot 100341	Hasardise 77307
Parmi	124548	alezan-br.	1915	Kimberley 92885	Imminence 79729
Parmi	127854	gris	1915	Limonadier 101461	Effrénée 58399
Parnac	126674	gris	1915	Jupiter 88668	Irène 81067
Parnass	125463	noir	1915	Juin 83623	Gabelle 70291
Parnasse	124412	noir	1915	Karrich 92710	Insolvable 82371
Parnasse	124547	noir	1915	Laqueur 100658	Jarrette 84099
Parnasse	124899	gris	1915	Jorxey 89256	Henriette 78310

NOM	N°	ROBE	Naissance	PÈRE	MÈRE
Parnasse	127849	gris	1915	Latin 100016	Gaquerette 72186
Parnassien	124549	gris-foncé	1915	Kommis 93104	Justice 83550
Parnassien	127857	gris	1915	Julien 87316	Gloriole 71096
Parny	125260	gris	1915	Laboureur 104443	Gauchette 75202
Parny	127028	noir	1915	Huitain 73993	Lyssa 103195
Paroi	124550	gris	1915	Kapuly 92818	Koharte 92630
Paroir	127858	gris	1915	Klaustral 91061	Romance 47944
Paroissial	127859	noir-m.-t.	1915	Limonadier 101461	Huline 98306
Paroissien	127860	gris	1915	Limonadier 101461	Mouvette 49361
Paroli	124555	gris-foncé	1915	Kommis 93104	Coquette 49586
Paroli	127603	gris-v.-f.	1915	Lieu 104207	Klémence 96526
Paroli	127861	gris	1915	Longtemps 102618	Janicule 87387
Parolier	124556	noir	1915	Kommis 93104	Amourette 47897
Parolier	127862	gris	1915	Limonadier 101461	Jalapa 87383
Paronyme	127459	noir	1915	Lacto 103572	Kamisole 95559
Paros	125032	noir	1915	Huitain 73993	Kasuta 95304
Paros	127031	noir	1915	Huitain 73993	Iena 82482
Parotidien	124558	noir	1915	Limon 99810	Jaca 86141
Parpaillot	124560	noir	1915	Guignolet 70023	Halize 76463
Parpaillot	127488	noir	1915	Lacto 103572	Sophie 93429
Parpaillot	127863	gris-l.-v.	1915	Latin 100016	Lavande 101805
Parpaing	124566	noir-m.-t.	1915	Jean qui rit 88772	Gosse 75208
Parpaing	127560	noir-l.-r.	1915	Importun 80576	Masculine 110997
Parpaing	127865	gris	1915	Lettré 104631	Lavandière 101806
Parquet	124567	gris	1915	Guignolet 70023	Castille 58434
Parquet	124930	noir	1915	Hou nan 76124	Badine 61559
Parquet	127866	gris	1915	Lettré 104631	Karata 96279
Parqueteur	127870	noir	1915	Insipide 82466	Mulette 109461
Parqueur	124568	gris	1915	Koucou 91328	Bijou 54196
Parqueur	127868	gris-foncé	1915	Instar 78857	Lisette 59318
Parrain	124569	gris-foncé	1915	Koucou 91328	Serpolette 63377
Parrain	127869	bai	1915	Klaustral 91061	Poule 81594
Parsac	126677	noir	1915	Juste 85878	Boulotte 75032
Parseval	127040	gris	1915	Igli 81048	Indore 82447
Parsi	124574	noir-zain	1915	Labruty 99249	Blandine 52484
Parsi	127872	gris foncé	1915	Keris 93769	Charmante 64652
Parsifal	127038	gris-foncé	1915	Lion 100756	Josephine 98505
Partage	124932	gris foncé	1915	Hou nan 76124	Colette 65472
Partageur	127873	noir	1915	Keris 93769	Mouvette 47675
Partageux	124575	noir	1915	Célibat 64968	Javeline 87984
Partageux	127875	noir	1915	Insipide 82466	Biche 49859
Partant	127874	gris	1915	Keris 93769	Menotte 110397
Partenaire	124578	gris	1915	Kontemporain 91579	Kernevelia 95732
Partenaire	124934	gris	1915	Hou nan 76124	Jeannette 88667
Partenaire	126799	gris	1915	Kruchon 93701	Mariette 107906

NOM	N°	ROBE	Naissance	PÈRE	MÈRE
Partenaire	128574	noir	1915	Barnac 51162	Fleurie 68336
Partenon	126805	bai-brun	1915	Guignolet 70023	Mouche 107439
Parterre	127876	noir	1915	Insipide 82466	Impatience 82515
Parti	124579	noir	1915	Languier 100640	Jandelle 85078
Parti	127877	noir	1915	Insipide 82466	Malice 57498
Partial	124580	noir	1915	Karolus 93008	Judaïsme 86239
Partial	124936	g.f.c.d.m.	1915	Hou-nan 76124	Kermesse 94825
Partial	127878	gris	1915	Kavaignac 96510	Juliette 87491
Partibus	125272	gris	1915	Japon 84819	Serpette 49192
Particulier	127880	gris	1915	Kaxton 96514	Jamblique 87386
Partiel	124590	gris	1915	Kimberley 92885	Kahoteuse 90527
Partiel	127463	gris	1915	Juliopolis 86716	Jambière 88736
Partiel	127881	gris	1915	Kavaignac 96510	Lamia 102811
Partimento	124589	noir	1915	Limon 99810	Kolombina 89815
Partisan	124591	noir	1915	Lauriétin 98638	Olympe 58149
Partisan	127502	gris	1915	Irradié 83254	Héroïne 84533
Partisan	127887	gris-foncé	1915	Kaxton 96514	Lignée 104437
Partisan	128563	gris-foncé	1915	Kaduc 95523	Koboldine 95955
Partiteur	124592	noir	1915	Lambris 97845	Pelotte 62061
Partiteur	127608	gris	1915	Lieu 104207	Gabarre 73182
Partiteur	127888	gris-foncé	1915	Kaxton 96514	Bijou 84471
Partitif	124593	gris	1915	Larpent 99117	Postiche 53564
Partner	127561	noir	1915	Importun 80576	Jaillissante 88934
Partout	124597	noir	1915	Jugal 85444	Joufflue 86951
Partout	127890	gris	1915	Kavaignac 96510	Bienvenue 67477
Parux	126679	noir	1915	Incident 80133	Mirza 108750
Parvenu	124595	gris-foncé	1915	Jasmin 83835	Charlotte 65346
Parvenu	127538	noir	1915	Jeuneur 86944	Kottack 96135
Parvenu	127891	gris	1915	Kavaignac 96510	Hative 77302
Parvis	124598	gris	1915	Lanier 101743	Jaen 85556
Parvis	127537	gris	1915	Klocher 95657	Jachère 88680
Parvis	127894	gris	1915	Kavaignac 96510	Julie 87490
Paryci	124415	gris-foncé	1915	Labruty 99249	Sandie 49313
Pascal	124253	gris	1915	Lambris 97845	Manne 105601
Pascal	124601	noir	1915	Iowa 80989	Hachette 74924
Pascal	127042	gris	1915	Lapereau 100259	Héminée 75404
Pascal	127536	noir	1915	Idomen 83507	Janine 96888
Pascal	127897	gris	1915	Kavaignac 96510	Koholdette 96800
Pasdeloup	127043	noir	1915	Lion 100756	Marinette 61213
Paskévicht	127046	noir	1915	Huitain 73993	Lorea 100203
Pasperdu	124670	gris-foncé	1915	Lustre 99965	Cicatrice 59183
Paspris	125167	gris	1915	Koquelin 92226	Machine 105379
Pasquet	125327	gris-foncé	1915	Labruty 99249	Souplesse 66985
Pasquier	127047	noir	1915	Lion 100756	Kathéis 95287
Pasquin	124605	noir	1915	Kalot 92507	Harpie 74056

NOM	N°	ROBE	Naissance	PÈRE	MÈRE
Pasquin	126555	noir	1915	Incident 80133	Jaseuse 86757
Pasquin	127494	gris-vin.	1915	Irradié 83254	Dulcinée 90097
Pasquin	127899	noir	1915	Kavaignac 96510	Juliette 89389
Passager	124611	gris	1915	Lapsus 99303	Anisette 64930
Passais	126556	noir	1915	Incident 80133	Irlande 81068
Passant	124612	gris	1915	Lapsus 99303	Kirosette 94467
Passaro	126557	noir	1915	Incident 80133	Gentille 78491
Passaro	127048	gris-foncé	1915	Lion 100756	Juana 98372
Passavant	124249	gris	1915	Josué 88841	Magnès 54526
Passavant	124519	noir	1915	Karrich 92710	Faribole 87716
Passavant	124649	gris-foncé	1915	Hanneton 75587	Fleurette 57421
Passedebout	124439	noir	1915	Huitain 73993	Kervadée 95058
Passedroit	128571	noir	1915	Barnac 51162	Javanaise 88744
Passement	124609	noir	1915	Quinquina 68945	Indra 87597
Passementier	124606	gris-foncé	1915	Kontemporain 91579	Légende 57655
Passepartout	124241	gris	1915	Koquelin 92226	Lacrize 99135
Passepoil	124607	alezan	1915	Japon 84819	Heggal 76720
Passeport	124608	gris	1915	Japon 84819	Mistress 105691
Passeport	128722	gris-foncé	1915	Joyeux 88776	Labiche 49910
Passerat	127050	gris-foncé	1915	Huitain 73993	Gigolette 74979
Passereau	124614	gris	1915	Lori 102083	Cocotte 69173
Passereau	127908	noir	1915	Laguis 100589	Gaillardise 72213
Passereau	128560	noir	1915	Loto 104424	Fleurie 50549
Passeur	124615	gris	1915	Koriolan 92013	Solania 44120
Passeur	127909	gris	1915	Laguis 100589	Ida 84481
Passeur	127913	gris-foncé	1915	Lascif 103725	Kaline 97647
Passif	124619	noir	1915	Illettré 81310	Fauvette 62839
Passif	127916	gris	1915	Klaustral 91061	Fédora 81952
Passy	124774	noir	1915	Lumineux 100865	Hazyade 74446
Passy	125495	gris	1915	Julien 87316	Marche 103747
Passy	126686	noir	1915	Juste 85878	Laroque 101626
Passy	127053	noir-m.-t	1915	Lion 100756	Marseillaise 108375
Pastel	124173	gris-foncé	1915	Josué 88841	Garcette 75043
Pastel	124623	gris	1915	Koriolan 92013	Heraclée 73829
Pastel	127601	gris foncé	1915	Juliopolis 86716	Urgence 56846
Pastel	127918	gris	1915	Kaxton 96514	Jacasse 98246
Pastel	128746	gris	1915	Interprète 80665	Havane 96979
Pasteur	124236	gris vin.	1915	Japon 84819	Isabelle 79955
Pasteur	124627	noir	1915	Kommis 93104	Justine 85040
Pasteur	124823	bai	1915	Lumineux 100865	Illégale 78600
Pasteur	127055	gris	1915	Keramin 95167	Kronstadt 95225
Pasteur	127920	noir	1915	Joab 87450	Isla 83116
Pasteur	128747	gris	1915	Interprète 80665	Charlotte 63942
Pasteurien	127922	noir zain	1915	Joab 87450	Jeanne 87549
Pasticheur	124633	gris	1915	Kommis 93104	Lameuse 100594

NOM	N°	ROBE	Naissance	PÈRE	MÈRE
Pasticheur	127925	gris-vin.	1915	Joab 87450	Tantine 84482
Pastilleur	124634	gris	1915	Képi 91690	Goulotte 71139
Pastilleur	127928	gris	1915	Latin 100016	Docile 60600
Pastinague	127926	noir	1915	Kavaignac 96510	Kontrainte 95815
Pastoral	127600	gris-foncé	1915	Kabestan 94208	Nomade 54136
Pastoral	127929	gris	1915	Kaxton 96514	Margot 61370
Pastorat	124639	gris	1915	Fier-à-Bras 65250	Hactrice 76557
Pastorat	127934	gris	1915	Keris 93769	Mutuelle 109520
Pastoret	127057	bai	1915	Lichen 103432	Leucade 103105
Pastorien	124632	noir	1915	Kommis 93104	Grisonnette 52495
Pastorien	127921	gris	1915	Lécheur 101819	Limaille 101458
Pastour	124640	gris-foncé	1915	Kontemporain 91579	Gaza 72611
Pastour	127937	gris	1915	Latin 100016	Larpie 102796
Pastoureau	124641	gris-t.-cl.	1915	Kontemporain 91579	Poule 50378
Pastoureau	127940	gris bleu	1915	Kavaignac 96510	Castillanne 45019
Pastoureau	128726	gris	1915	Interprète 80665	Lirette 60828
Patachon	124642	noir	1915	Iowa 80989	Lénore 97822
Patachon	127941	gris	1915	Kerblanc 93063	Marquise 55834
Patagon	124658	gris-noir	1915	Larret 100780	Charmante 68558
Patagon	127943	gris t. f.	1915	Longtemps 102618	Juvénilia 87363
Patapouf	124659	noir-zain	1915	Lougre 100470	Risette 62120
Patapouf	127944	gris	1915	Lettré 104631	Konfusion 95771
Pataras	124660	noir-zain	1915	Kommis 93104	Histoire 74458
Pataras	127947	gris-foncé	1915	Lettré 104631	Harengère 77445
Patard	124662	noir	1915	Kommis 93104	Mirobolante 47708
Patard	127948	noir	1915	Kavaignac 96510	Jaure 87537
Patati	127950	gris	1915	Kerblanc 93063	Moquette 104827
Patatras	124665	gris-foncé	1915	Langsier 100640	Kousine 91370
Patatras	127958	gris	1915	Jordaens 87507	Gelée 71417
Pataud	124657	gris	1915	Jugal 85444	Laveuse 103262
Pataud	125082	noir	1915	Fier-à-Bras 65250	Krapule 94393
Pataud	126944	gris-foncé	1915	Jugal 85444	Karbine 94760
Pataud	127952	gris	1915	Kavaignac 96510	Karélie 96431
Pataugeur	124656	gris-foncé	1915	Lapereau 100259	Kebir 95132
Patchouli	124655	noir	1915	Lods 100359	Athalie 59380
Patchouli	127599	gris-foncé	1915	Jorxey 89256	Hermine 77911
Patchouli	127953	gris-fer	1915	Kaxton 96514	Mulotte 57547
Patel	127066	noir	1915	Keramin 95167	Kolobopous 95265
Patelin	127071	bai-brun	1915	Huitain 73993	Laitrie 101362
Patelin	127954	gris-vin.	1915	Impérator 83461	Limoselle 101475
Patelin	128744	gris	1915	Martial 110968	Liseron 104354
Patent	124668	gris noir	1915	Huitain 73993	Kairouanne 95245
Patenté	127960	noir	1915	Lettré 104631	Paquerette 50560
Pater	124675	noir	1915	Insipide 82466	Gambétina 69970
Pater	125050	gris	1915	Kommis 93104	Lamaitress 99792

NOM	N°	ROBE	Naissance	PÈRE	MÈRE
Paternel	127959	noir	1915	Jordaens 87507	Kadonna 96765
Pâteux	124687	gris	1915	Kroquet 91851	Hermine 77779
Pateux	127961	bai-zain	1915	Latin 100016	Pelote 47949
Pathos	124628	gris-foncé	1915	Kimberley 92885	Rosette 66955
Pathos	124688	noir	1915	Lapereau 100259	France 61653
Pathos	127964	gris	1915	Instar 78857	Ivoire 83111
Patient	124691	gris-fer	1915	Karrich 92710	Elise 67891
Patient	127968	gris-foncé	1915	Lettré 104631	Limande 99818
Patin	124697	noir	1915	Iowa 80989	Louise 98807
Patin	124842	gris	1915	Lafayette 100646	Sidonia 68622
Patin	127970	gris-foncé	1915	Lettré 104631	Kobla 96767
Patin	128633	noir	1915	Lazarre 104493	Frison 67567
Patinage	128627	gris	1915	Karapath 97283	Jainvillotte 88413
Patineur	124699	noir	1915	Guignolet 70023	Hydrographie 73896
Patineur	127971	gris	1915	Lettré 104631	Hésione 84483
Patineur	128634	gris	1915	Laurent 104533	Intrépide 80499
Patinot	124698	noir	1915	Iowa 80989	Manette 107942
Patio	124700	gris-foncé	1915	Guignolet 70023	Monture 106610
Patira	124709	gris	1915	Limacien 99821	Kaliberda 89943
Pâtis	124710	noir	1915	Limacien 99821	Hastiquée 75635
Pâtis	125185	gris-foncé	1915	Jallieu 86306	Kainça 91718
Patis	126145	gris	1915	Jean-qui-rit 88772	Poule 44814
Pâtis	126864	gris	1915	Karrich 92710	Etoile 87655
Patissier	127972	gris	1915	Keris 93769	Rosalie 64583
Pâtisson	127973	gris	1915	Longtemps 102618	Jamaïque 98251
Patito	127974	gris-foncé	1915	Longtemps 102618	Ingrie 83010
Patochon	124511	noir	1915	Lustre 99965	Injure 79163
Patois	124721	noir	1915	Jasmin 83835	Javelée 83785
Patois	127977	gris-clair	1915	Kavaignac 96510	Iris 50037
Pâton	127979	gris	1915	Lettré 104631	Justice 87500
Patouillard	124728	gris	1915	Languier 100640	Jugeotte 84905
Patouillet	124843	gris	1915	Lafayette 100646	Kalville 90657
Patras	127074	gris	1915	Hiersac 76358	Juliobona 88073
Pâtre	128753	gris	1915	Kahestan 94208	Fable 75146
Patriarcat	127983	noir	1915	Kaxton 96514	Rosette 84487
Patriarche	124815	noir	1915	Jean-Jack 85863	Janizette 85843
Patriarche	126607	gris	1915	Lysias 103555	Fauvette 81789
Patrice	124730	gris	1915	Kontemporain 91579	Lisette 53535
Patrice	127984	noir	1915	Kavaignac 96510	Komédie 91770
Patrice	128585	gris-foncé	1915	Loupillon 99586	Gamine 74986
Patricien	127985	gris	1915	Lettré 104631	Pelote 93491
Patricien	128580	gris	1915	Loupillon 99586	Louise 104517
Patrimonial	127986	gris	1915	Kavaignac 96510	If 82984
Patriote	125227	noir	1915	Loris 100377	Lozette 98072
Patriote	127988	gris-foncé	1915	Lettré 104631	Inn 83011

NOM	N°	ROBE	Naissance	PÈRE	MÈRE
Patriote	128575	gris	1915	Kaduc 95523	Liesse 104514
Patris	124318	noir-zain	1915	Mareuil 53313	Hésione 98344
Patris	125353	gris-foncé	1915	Logos 99473	Junte 83732
Patron	125043	gris	1915	Limacien 99821	Colonne 58584
Patron	125292	gris	1915	Josué 88844	Jonnaiboth 86486
Patron	127991	gris	1915	Lettré 104631	Blanche 64722
Patronat	127992	gris-t.-f.	1915	Lettré 104631	Kermesse 46750
Patrouilleur	124193	noir	1915	Kalino 91693	Montanère 105634
Patru	127734	noir	1915	Kodi 94246	Kolère 95695
Pâturin	124316	gris-foncé	1915	Mareuil 53313	Capucine 62447
Pâturin	124737	gris-clair	1915	Guignolet 70023	Laiche 100166
Pâturin	128002	noir	1915	Kanguron 91649	Jonchère 87551
Paturon	128001	gris-foncé	1915	Jalabert 85688	Hôtesse 77498
Pâturon	128003	gris-foncé	1915	Lettré 104631	Estelle 45988
Pauillac	127078	noir	1915	Konstat 98797	Coquette 56580
Paul	126803	gris	1915	Guignolet 70023	Alcine 59504
Paul	127081	noir	1915	Kagot 92240	Ithaque 79103
Paulain	124706	gris	1915	Jugal 85444	Mauviette 107708
Paulbert	125240	gris-vin.	1915	Lutécien 102720	Milienne 105933
Paulbert	126818	noir-m.-f.	1915	Lannes 100896	Ibane 80320
Paulham	125352	gris	1915	Fier-à-Bras 65250	Coquette 48101
Paulien	128004	gris-foncé	1915	Loquace 104466	Indiana 81256
Paulin	127082	gris-bleu	1915	Kagot 92240	Lactose 103578
Paulus	124812	noir	1915	Haruko-ex-Hidalgo 77104	Hernie 77807
Paulus	125950	noir	1915	Lori 102083	Iquette 98411
Paulus	127004	noir	1915	Huitain 73993	Guillerette 71925
Paulus	127083	noir	1915	Quinquina 68945	Industrie 79333
Paumier	124743	noir	1915	Iowa 80989	Beethoven 51614
Paumier	128006	gris	1915	Loquace 104466	Kandide 96460
Pauvret	124747	noir	1915	Kroquet 91851	Kœquerie 91265
Pauvret	125124	noir	1915	Japon 84819	Fumette 59615
Pauvret	128011	gris	1915	Keris 93769	Lippe 101509
Pavé	124356	gris-foncé	1915	Kommis 93104	Moule 106986
Pavé	125219	gris-foncé	1915	Laboureur 104443	Jaseuse 86016
Paveur	124749	noir	1915	Huitain 73993	Brebis 84524
Paveur	128015	gris	1915	Jordaens 87507	Kathargol 97230
Paveur	128584	gris-foncé	1915	Languedoc 104423	Jeunesse 89130
Pavillon	124750	noir	1915	Kimberley 92885	Lisette 81777
Pavillon	126794	noir	1915	Jaseur 89506	Kita 66095
Pavillon	126802	gris	1915	Huron 77627	Larde 99307
Pavillon	126807	gris	1915	Jaseur 89506	Large 99308
Pavillon	127085	gris	1915	Kagot 92240	Laie 103591
Pavillon	127529	noir	1915	Hydromel 77917	Finette 97136
Pavillon	128018	gris-foncé	1915	Lettré 104631	Juderie 87907
Pavillon	128586	noir	1915	Loupillon 99586	Bagatelle 54160

NOM	N°	ROBE	Naissance	PÈRE	MÈRE
Pavilly	126691	gris	1915	Incident 80133	Frisette 54201
Pavoin	125140	gris	1915	Japon 84819	Économie 61996
Pavois	124464	gris	1915	Limacien 99821	Lamproie 100617
Pavois	124751	gris	1915	Limon 99810	Inspirée 78725
Pavois	128019	noir	1915	Kavaignac 96510	Isaure 83037
Pavot	124752	alezan-cl.	1915	Kimberley 92885	Herbette 77084
Pavot	128021	gris	1915	Jalabert 85688	Jahel 98250
Pavot	128716	gris	1915	Barnac 51162	Fuyante 97715
Payen	124761	gris	1915	Kommis 93104	Jacasse 85659
Payen	128037	noir-zain	1915	Loquace 104466	Lina 98223
Payeur	124762	gris	1915	Kontemporain 91579	Pâquerette 47096
Payeur	128038	gris	1915	Kaxton 96514	Kérite 93943
Payrac	126692	noir	1915	Incident 80133	Glorieuse 57548
Pays	124763	noir	1915	Kontemporain 91579	Victoire 45187
Pays	128039	gris	1915	Loquace 104466	Litote 101524
Paysan	124764	noir	1915	Juvénal 83553	Haste 73925
Paysan	128040	noir	1915	Keris 93769	Humaine 77540
Péan	124766	gris - clair	1915	Kalot 92507	Labézardière 100545
Péan	127089	noir	1915	Quinquina 68945	Lacune 103579
Péan	128042	noir	1915	Jalabert 85688	Ithaque 82669
Peaucier	124767	noir	1915	Kalot 92507	Brillante 58987
Peaucier	128044	gris	1915	Loquace 104466	Mascotte 60650
Peaussier	128046	noir	1915	Loquace 104466	Licorne 103980
Pébrac	126693	noir	1915	Juste 85878	Kommune 94081
Pécari	124770	gris - clair	1915	Kontemporain 91579	Lécluse 100537
Pécari	128048	noir	1915	Loquace 104466	Coquette 57085
Peccata	124775	noir	1915	Lapsus 99303	Hardiesse 74892
Peccata	128056	gris- foncé	1915	Laurent 104533	Impie 82815
Peccavi	128055	gris	1915	Landais 104615	Laurière 102887
Pêcher	124780	noir-zain	1915	Képi 91690	Mezzanine 106764
Pêcheur	128057	noir	1915	Landais 104615	Gypsy 73231
Péclet	125509	noir-zain	1915	Ivan 81244	Fatma 55793
Pécotin	124213	noir-zain	1915	Larpent 99117	Finaude 57971
Pecquet	127090	noir	1915	Quinquina 68945	Isaure 87675
Pectiné	124801	gris	1915	Kruor 91865	Jonchée 86276
Pectoral	124708	gris-foncé	1915	Jallieu 86306	Ignis 80010
Pectoral	124868	noir	1915	Jonas 84244	Indienne 90007
Pectoral	128058	gris	1915	Laurent 104533	Hégire 74335
Péculat	124869	noir	1915	Jonas 84244	Kadméenne 90508
Péculat	128061	gris	1915	Laurent 104533	Lozère 104543
Pécule	124196	gris	1915	Leporck 98669	Hisabelle 76755
Pécule	125289	gris- foncé	1915	Laboureur 104443	Géline 71360
Pécunieux	124797	noir	1915	Kontemporain 91579	Kasuistique 91179
Pécunieux	128062	noir	1915	Laurent 104533	Kyrielle 96636
Pécus	125071	gris-foncé	1915	Julien 87316	Lyrie 99116

NOM	N°	ROBE	Naissance	PÈRE	MÈRE
Pédagogue	124798	gris clair	1915	Kontemporain 91579	Charlotte 58447
Pédagogue	128642	gris-foncé	1915	Loto 104424	Carmen 66486
Pédalier	124791	gris	1915	Koucou 91328	Latone 100949
Pédalier	128063	gris	1915	Karliz 96713	Kora 97285
Pédant	124792	gris-t.-f.	1915	Koucou 91328	Bativa 61622
Pédant	125513	gris	1915	Instar 78857	Lasagne 103721
Pédant	127091	noir	1915	Iran 81119	Charmante 48219
Pédant	128064	gris	1915	Laurent 104533	Hachette 74336
Pédant	128643	gris-foncé	1915	Loto 104424	Halte 78232
Pédard	124805	noir-zain	1915	Liguori 103360	Lavandière 67946
Pédard	128066	gris-l.-v.	1915	Karapath 97283	Marchande 109606
Pédicure	124807	gris-foncé	1915	Lyonnais 102760	Liégeuse 104200
Pédieux	124682	noir	1915	Long 99533	Mire 107471
Pédieux	124806	gris clair	1915	Ivan 81244	Pauline 48047
Pédieux	128069	gris	1915	Laurent 104533	Garotte 73047
Pédoya	124364	gris	1915	Laboureur 104443	Gerbine 70899
Pédro	125484	noir	1915	Japon 84819	Rosine 75136
Pédro	127092	gris-foncé	1915	Lion 100756	Minauderie 110554
Pégase	127096	noir-zain	1915	Lion 100756	Haine 76093
Pégase	127457	gris-foncé	1915	Indécis 83374	Poule 64765
Pégase	128050	bai-zain	1915	Doguet ex Sapeur 60641	Lucrèce 103954
Pégase	128647	gris	1915	Loto 104424	Kabylie 97306
Pégomas	126696	bai-cerise	1915	Incident 80133	Coquette 78511
Pégon	124610	noir	1915	Jean-Jack 85863	Brillante 53628
Pégot	124808	gris-foncé	1915	Lyonnais 102760	Thérésa 54568
Pégot	128070	gris	1915	Laurent 104533	Jenny 88878
Pégoud	125156	gris-foncé	1915	Ivan 81244	Juridiction 85218
Pégoud	126783	noir	1915	Klairet 94682	Louvette 104720
Pégoud	126957	gris	1915	Lods 100359	Klinante 94767
Pégriot	124814	noir	1915	Quinquina 68945	Kotzebue 89811
Pégriot	128071	gris	1915	Kouli 97151	Kaufmann 97256
Pehlvi	128072	gris	1915	Koypel 96590	Gondole 72952
Peigneur	124817	noir	1915	Fier-à-Bras 65250	Décidée 56949
Peignier	124819	gris	1915	Languier 100640	Lareinière 100557
Peignoir	124824	noir	1915	Lumineux 100865	Hippologie 76824
Peignon	124826	noir	1915	Guignolet 70023	Lagune 101680
Peignot	127097	noir	1915	Kompotier 91549	Lanette 100247
Peillac	126698	noir	1915	Incident 80133	Coquette 98278
Peillereau	124835	noir	1915	Jugal 85444	Koulla 95162
Peillereau	128076	gris	1915	Barnac 51162	Kourille 97249
Peillon	126710	noir	1915	Incident 80133	Fauvette 75218
Peintre	124838	noir-zain	1915	Komitat 91759	Gouttelette 73084
Peintre	128077	noir	1915	Karliz 96713	Lyonnaise 102046
Peintureur	124864	noir	1915	Kruor 91865	Rayonnante 35141
Peintureur	128080	noir	1915	Idomen 83507	Lampe 104549

NOM	N°	ROBE	Naissance	PÈRE	MÈRE
Peiresc	127098	noir-zain	1915	Lion 100756	Facile 61670
Peixoto	127099	noir	1915	Quinquina 68945	Junon 86838
Pékan	124839	gris-foncé	1915	Komitat 91759	Inquiète 80510
Pékan	128081	noir-m.-t.	1915	Laurent 104533	Jeannette 98523
Pékin	124867	gris-vin.	1915	Jua 83570	Fiancée 53074
Pékin	125005	gris-foncé	1915	Kalcul 92482	Kama 92394
Pékin	125064	gris	1915	Hanneton 75587	Fornarina 93512
Pékin	126234	noir	1915	Lapereau 100259	Biche 53598
Pékin	127103	noir	1915	Quinquina 68945	Gribiche 97025
Pékin	128051	noir	1915	Guillaume Tell 72926	Elisa 90125
Pékin	128084	gris-foncé	1915	Lettré 104631	Honguette 77767
Pékin	128649	noir	1915	Languedoc 104423	Licette 104429
Pélagien	124845	gris	1915	Lucumon 100857	Rigolette 66761
Pélagien	128086	gris	1915	Lazarre 104493	Vigoureuse 64559
Pelard	124848	noir	1915	Lapsus 99303	Kadénite 90307
Pelard	128091	gris-foncé	1915	Kaxton 96514	Joppe 87456
Pélargonium	124850	gris	1915	Koucou 91328	Infamie 79406
Pélasgien	128092	gris-foncé	1915	Kaxton 96514	Marie 109617
Pélerin	127738	gris-foncé	1915	Barnue 51162	Minerve 39077
Pélerin	128094	gris foncé	1915	Lagnis 100589	Bamboche 43307
Pélias	127111	gris-t.-f.	1915	Kagot 92240	Gigogne 72019
Pélican	124858	gris-foncé	1915	Kimberley 92885	Jacqueline 85907
Pélican	128096	gris	1915	Lascif 103725	Frisette 98221
Pélican	128604	gris-foncé	1915	Lazzi 97935	Levantine 104546
Péligny	125500	gris	1915	Lasso 103951	Fantine 84460
Pélion	127132	gris	1915	Huitain 73993	Bichette 64949
Pélion	128028	bai	1915	Linoléum 103830	Charlotte 50384
Pélissier	125446	noir-zain	1915	Juin 83623	Trompette 55798
Pélissier	126603	gris	1915	Luron 97902	Mouvette 57460
Pélissier	127117	noir	1915	Ivan 81244	Lusace 103513
Pellagreux	128097	gris-foncé	1915	Lascif 103725	Kadora 97269
Pellerin	126703	gris-foncé	1915	Quinquina 68945	Horreur 74453
Polletan	127115	noir	1915	Quinquina 68945	Godine 64184
Pelleteur	124859	gris-foncé	1915	Kimberley 92885	Joliveté 84661
Pelleteur	128098	gris	1915	Lascif 103725	Klébane 95325
Pellico	125273	bai-chât.	1915	Jean-Jack 85863	Gazette 66743
Pellico	127131	noir	1915	Huitain 73993	Kastomia 95303
Pellico	128026	alezan	1915	Languedoc 104423	Eglantine 64071
Pelliculeux	124860	gris-foncé	1915	Languier 100640	Mouvette 55093
Pelloir	124862	noir	1915	Limacien 99821	Kayserline 92917
Pelloir	128100	gris-t.-f.	1915	Kavaignac 96510	Lamotte 102801
Pélobate	128102	gris	1915	Lettré 104631	Kyrielle 96330
Pélopidas	124314	gris-foncé	1915	Laboureur 104443	Réclame 64268
Pélopidas	127114	gris	1915	Quinquina 68945	Inquiette 81260
Pélopidas	128025	gris-foncé	1915	Importun 80576	Escapade 73319

NOM	N°	ROBE	Naissance	PÈRE	MÈRE
Péloponésien	128107	bai	1915	Karapath 97283	Lolotte 60845
Pélops	127119	gris	1915	Lion 100756	Litière 100789
Pelor	124870	gris	1915	Kroquet 91851	Gamine 71265
Pélor	128101	noir	1915	Lazarre 104493	Konidée 95779
Peloteur	124881	gris	1915	Célibat 64968	Indomptée 80193
Peloteur	128105	noir-zain	1915	Kouli 97151	Lienterie 104205
Peloton	124880	bai-mar.	1915	Célibat 64968	Luronne 103312
Peloton	128106	noir	1915	Kouli 97151	Elvire 93549
Peloton	128559	gris-vin.	1915	Loto 104424	Jachère 88896
Peltaste	128108	gris	1915	Karapath 97283	Koronia 97259
Peltier	127134	noir	1915	Huitain 73993	Alia 51845
Peltier	128022	noir-m.-t.	1915	Loquace 104466	Jahde 98249
Pelu	124208	gris	1915	Logis 99269	Galère 69585
Pelu	124883	noir	1915	Iowa 80989	Maunière 107547
Pelu	128111	noir	1915	Landais 104615	Lépiote 101853
Pelucheux	124884	noir	1915	Kalot 92507	Rosette 57463
Pelucheux	128112	gris	1915	Landais 104615	Impétueux 82817
Pélussin	126704	gris-foncé	1915	Quinquina 68945	Hélie 77878
Pélussin	127120	gris	1915	Kompotier 91549	Lève 104146
Pelvé	128027	noir	1915	Liquoreux 103851	Musique 110893
Pelvien	124885	gris-foncé	1915	Guignolet 70023	Jubine 57397
Pelvien	128114	bai-mar.	1915	Karliz 96713	Hyène 73551
Pelvis	124886	noir	1915	Juvénal 83553	Gardienne 70622
Pelvis	128115	noir-zain	1915	Idomen 83507	Lafosse 102778
Pelvoux	126707	noir-zain	1915	Incident 80133	Fauvette 98279
Pelvoux	127121	bai-brun	1915	Quinquina 68945	Gribiche 69170
Pemmican	128118	gris	1915	Jointif 87256	Laloire 104353
Penaillon	124887	gris	1915	Komitat 91759	Josseline 98171
Penaillon	128120	gris	1915	Jan 84219	Dona 60675
Pénal	124888	gris	1915	Juvénal 83553	Kannage 90722
Penard	124895	gris	1915	Krural 91866	Kravate 95992
Penard	128122	gris-clair	1915	Kolomb 96547	Martha 109645
Penaud	124896	gris-foncé	1915	Krural 91866	Kravache 95991
Penaud	125049	noir	1915	Kommis 93104	Fanchette 43708
Penaud	128125	gris-foncé	1915	Lécheur 101819	Lucrèce 104490
Penbas	126868	noir	1915	Lorientais 103276	Frosine 98078
Penchant	124903	noir	1915	Kommis 93104	Eulalie 64392
Pendant	124904	bai	1915	Képi 91690	Kissette 92804
Pendard	124908	noir	1915	Lougre 100470	Marquise 46544
Pendentif	124909	noir-zain	1915	Jasmin 83835	Klayère 94071
Pendentif	128131	gris	1915	Jan 84219	Frileuse 61084
Pendoir	124911	noir	1915	Larret 100780	Laborde 101020
Pendu	124707	gris	1915	Jallieu 86306	Malaria 106323
Pêne	124912	noir	1915	Larret 100780	Lippe 99474
Pénestin	126709	noir	1915	Incident 80133	Mascotte 68742

NOM	N°	ROBE	Naissance	PÈRE	MÈRE
Pénil	124925	noir	1915	Heaume 75604	Mesure 110466
Penmarch	126714	noir	1915	Kompotier 91549	Insigne 81033
Penné	124929	noir	1915	Lansquenet 99293	Analyse 67001
Pannon	124927	noir	1915	Lion 100756	Iris 82495
Pennon	128134	noir-m.-t.	1915	Lazarre 104493	Mignonne 47118
Pennonceau	128136	gris	1915	Joab 87450	Jonville 87884
Penny	124928	noir	1915	Lion 100756	Kola 95418
Penny	127128	gris-bleu	1915	Quinquina 68945	Hydie 77360
Penny	128137	gris	1915	Kolomb 96547	Frisette 53096
Penon	124939	gris-foncé	1915	Logis 99269	Lucanie 101296
Penon	128138	noir	1915	Kolomb 96547	Linière 101496
Ponsetu	124190	noir	1915	Lissoir 99476	Hachette 73610
Penseur	128035	noir-zain	1915	Languedoc 104423	Levrette 101388
Penseur	128139	noir-m.-t.	1915	Lascif 103725	Jurisprudence 87506
Pensif	124950	noir	1915	Kommis 93104	Histoire 75715
Pensionnat	124951	gris	1915	Képi 91690	Kampanie 90912
Pensum	124952	gris	1915	Képi 91690	Intempérée 78670
Pansum	128145	gris	1915	Kouli 97151	Bayadère 62016
Pensylvanien	124953	noir	1915	Lapsus 99303	Immergée 78942
Pentstémon	128158	noir-rub.	1915	Importun 80576	Daphnée 98177
Péon	126569	noir	1915	Juste 85878	Joviale 86753
Péon	128151	noir	1915	Jointif 87256	Herse 75537
Pépin	124214	gris	1915	Jallieu 86306	Mélie 105807
Pépin	124965	noir	1915	Impérator 83461	Gigogne 93498
Pépin	125006	noir	1915	Kaleul 92482	Kachemire 92448
Pépin	125849	gris	1915	Lumineux 100865	Javeline 83712
Pépin	126572	gris	1915	Lettré 104631	Joueuse 89020
Pépin	126717	gris	1915	Incident 80133	Suspecte 69135
Pépin	128153	gris	1915	Importun 80576	Liante 101887
Péplon	124967	noir	1915	Lumineux 100865	Koquette 93127
Péplon	128156	noir	1915	Jointif 87256	Myrrhe 50386
Péplum	124974	gris-t.-cl.	1915	Guignolet 70023	Konstantine 91998
Péplum	128154	gris	1915	Kidney 96741	Gauloise 96846
Pépon	128159	gris-bleu	1915	Importun 80576	Georgette 97045
Péquin	128085	gris-foncé	1915	Jan 84219	Jacama 85271
Pérat	126718	gris	1915	Juste 85878	Kermesse 90967
Pérault	124915	gris	1915	Insipide 82466	Perette 55765
Perçant	124976	gris	1915	Lumineux 100865	Livonie 101209
Percé	124978	gris	1915	Logis 99269	Glaneuse 69837
Percepteur	124981	gris	1915	Koquelin 92226	Idatide 79037
Percepteur	128161	noir	1915	Importun 80576	Batavia 64985
Percepteur	128610	noir	1915	Kaduc 95523	Lumineuse 64243
Perceptif	124982	noir	1915	Kommis 93104	Coquette 68867
Perceur	124983	noir	1915	Kommis 93104	Houbette 74184
Perceur	128163	gris	1915	Jointif 87256	Lisde 82095

NOM	N°	ROBE	Naissance	PÈRE	MÈRE
Percheron	126977	gris-fer-f.	1915	Komitat 91759	Lili 103128
Percheron	128164	gris	1915	Kidney 96741	Paquerette 49344
Perchet	125795	noir	1915	Jua 83570	Jaque 83709
Percheur	124985	noir	1915	Limon 99810	Midinette 105202
Perchis	124986	noir	1915	Limon 99810	Joyeuseté 84667
Perchis	128168	gris	1915	Koypel 96590	Lucette 64703
Perchoir	124181	gris	1915	Kommis 93104	Heljou 74397
Perchoir	124988	gris	1915	Lauriétin 98638	Caline 55467
Percier	127139	gris-foncé	1915	Kodi 94246	Haine 75343
Perclus	124989	noir	1915	Lauriétin 98638	Catherine 84414
Percolateur	128171	gris	1915	Laguis 100589	Jugulaire 88812
Percutant	124991	noir	1915	Iowa 80989	Grebiche 70337
Percuteur	124993	gris	1915	Kommis 93104	Gaza 69770
Percuteur	125181	noir	1915	Larpent 99117	Vrille 63060
Percy	126719	gris	1915	Juste 85878	Hermine 77113
Perdant	124994	gris	1915	Lapereau 100259	Jalapa 85383
Perdonnet	127145	gris-foncé	1915	Ivan 81244	Indre 82053
Perdreau	124997	gris	1915	Jean-qui-rit 88772	Justicière 86442
Perdreau	125728	gris-clair	1915	Larpent 99117	Kalize 92095
Perdreau	128172	noir	1915	Kolomb 96547	Polka 57484
Perdu	124999	gris	1915	Lanier 101743	Héroïne 98482
Perdu	125505	noir	1915	Lasso 103951	Groseille 72989
Pérékop	127146	gris-foncé	1915	Lignori 103360	Charmante 53666
Perez	127147	noir	1915	Liguori 103360	Hongroise 74007
Pergolès	124291	gris-ard.	1915	Japon 84819	Marmelade 104952
Pergolèse	128765	noir	1915	Interprète 80665	Charlotte 75215
Périclès	125334	gris-foncé	1915	Logos 99473	Io 80762
Périclès	127149	noir	1915	Ivan 81244	Immigrée 82240
Périclès	128766	noir	1915	Joyeux 88776	Krinolia 96828
Périer	126722	noir	1915	Incident 80133	Lierville 102175
Périer	127151	gris-foncé	1915	Ivan 81244	Inclore 82050
Pérignac	126723	noir	1915	Quinquina 68945	Pelote 73390
Périgneux	126724	noir	1915	Quinquina 68945	Kama 95355
Pérignon	127152	noir	1915	Jodelle 86049	Gentille 75005
Périgny	126725	bai-brun	1915	Incident 80133	Lisette 75027
Périgord	127153	gris-foncé	1915	Luron 97902	Journalisme 88303
Périgourdin	128178	noir	1915	Kolomb 96547	Joanne 87436
Périgueux	125011	noir	1915	Kommis 93104	Junon 85119
Périgueux	126727	gris	1915	Lion 100756	Linette 103506
Périgueux	127157	bai-foncé	1915	Lamantin 103615	Jazenne 87538
Périgueux	128180	gris	1915	Kolomb 96547	Roséa 57483
Péril	124200	gris-foncé	1915	Jallieu 86306	Lancellière 37299
Péril	128182	gris	1915	Lascif 103725	Haste 77306
Périlleux	125015	noir	1915	Huitain 73993	Clochette 67981
Périllos	126729	noir	1915	Incident 80133	Eglantine 75206

NOM	N°	ROBE	Naissance	PÈRE	MÈRE
Périnéal	125014	noir	1915	Huitain 73993	Gauloise II 72781
Périptère	128184	gris	1915	Laurent 104533	Mélusine 109715
Péris	126906	noir	1915	Lorientais 103276	Biche 50295
Périscope	124816	gris-foncé	1915	Japon 84819	Araignée 52539
Périscope	125013	gris	1915	Labruty 99249	Fauvette 56477
Périscope	128578	bai	1915	Loto 104424	Hursule 96847
Péritoine	125018	gris	1915	Lot 100380	Lisette 87580
Perkins	125027	noir	1915	Lasso 103951	Fossette 68526
Perkins	128185	gris	1915	Klaustral 91061	Esther 93489
Perlier	125029	noir	1915	Képi 91690	Sauvons-Nous 57492
Perlier	128191	noir	1915	Laguis 100589	Malvacée 110196
Perlot	125028	gris-foncé	1915	Lasso 103951	Installation 78682
Perlot	128187	noir	1915	Lascif 103725	Miarka 108888
Permis	125030	noir	1915	Jallieu 86306	Paquerette 61112
Permis	128197	gris	1915	Importun 80576	Charlotte 98627
Pernach	125168	gris	1915	Josué 88841	Latin 99579
Pernambouc	127158	gris-foncé	1915	Lamantin 103615	Issue 82144
Pernay	126731	gris-clair	1915	Lion 100756	Gavotte 72022
Pernelle	125475	gris	1915	Lutécien 102720	Serpolette 60148
Pernicieux	125340	gris	1915	Iowa 80989	Pimpante 50397
Pernois	126735	noir	1915	Larix 97978	Lessiveuse 104132
Parnot	124975	gris-foncé	1915	Fier-à-Bras 65250	Histoire 62796
Péro	126732	noir	1915	Cocantin 54388	Kola 89802
Péroné	124232	gris	1915	Hanneton 75587	Risette 57453
Péronnas	126736	noir	1915	Lion 100756	Italienne 81103
Péroreur	128200	gris-foncé	1915	Importun 80576	Imola 82997
Pérot	125342	gris	1915	Lambris 97845	Lordose 100454
Perot	128202	gris	1915	Lécheur 101819	Lèpre 101855
Pérou	125257	bai-cerise	1915	Lutécien 102720	Larme 97976
Pérou	126737	noir	1915	Lion 100756	Gentille 57534
Pérou	126801	gris-noir	1915	Guignolet 70023	Kiranie 94513
Pérou	127159	noir	1915	Impérator 83461	Finette 49615
Pérou	128579	gris-foncé	1915	Loto 104424	Litée 103867
Pérouzet	125204	gris	1915	Josué 88841	Aiguille 66902
Perpétuel	125346	isabelle	1915	Kimberley 92885	Assurance 54778
Perpétuel	128203	noir-m.-t.	1915	Lécheur 101819	Bichette 75167
Perpignan	124242	noir	1915	Lori 102083	Rigolette 54069
Perpignan	125343	noir	1915	Lorrain 101254	Duchesse 55298
Perpignan	126738	noir	1915	Lion 100756	Pelote 50688
Perpignan	126848	noir-zain	1915	Laceron 98868	Justiniana 86703
Perpignan	127160	gris-foncé	1915	Instar 78857	Kapilotade 95611
Perpignan	127620	gris-foncé	1915	Instar 78857	Moustache 57519
Perpignan	128206	gris	1915	Kidney 96741	Korniche 95048
Perplexe	124487	bai-brun	1915	Jaseur 89506	Chopine 64861
Perplexe	125333	gris-clair	1915	Languier 100640	Mignonne 49601

NOM	N°	ROBE	Naissance	PÈRE	MÈRE
Perraud	127161	gris foncé	1915	Kodi 94246	Jugale 88333
Perrault	124315	gris	1915	Laboureur 104443	Docile 59964
Perrault	127164	gris-cend.	1915	Kodi 94246	Coquette 50076
Perray	126739	gris foncé	1915	Larix 97978	Historique 76331
Perrens	127165	gris-foncé	1915	Kodi 94246	Karnette 92808
Perreux	126741	g.r.c. d.m	1915	Larix 97978	Mina 75016
Perreux	127166	gris-foncé	1915	Kodi 94246	Louise 103464
Perrex	126742	gris	1915	Larix 97978	Koquetterie 95002
Perrier	126745	noir	1915	Juste 85878	Mécanicienne 107341
Perrier	127167	gris-foncé	1915	Kodi 94246	Kastorine 94907
Perrièret	126634	noir	1915	Lasso 103951	Honorable 77885
Perrigny	126746	gris	1915	Jugal 85444	Guindée 73103
Perrin	127169	gris-foncé	1915	Ivan 81244	Lardoire 103686
Perron	126047	gris	1915	Jonas 84244	Gothie 71380
Perronet	127170	gris-foncé	1915	Ivan 81244	Maternité 109863
Perroquet	125354	gris	1915	Lauriétin 98638	Mancelle 107671
Perros	126048	gris-t.-cl.	1915	Guignolet 70023	Lactose 101668
Perros	126753	noir-zain	1915	Jugal 85444	Echo 59677
Perros	127171	gris-foncé	1915	Instar 78857	Héroïne 90247
Perrot	127172	gris-fer	1915	Guignolet 70023	Batterie 67106
Perruchet	126494	gris	1915	Guignolet 70023	Konque 93591
Perruquier	125355	gris	1915	Lauriétin 98638	Vermouth 65348
Persac	126050	noir-zain	1915	Kontemporain 91579	Karrée 90850
Persan	125381	gris	1915	Labruty 99249	Jouée 85457
Persan	128609	noir	1915	Kaduc 95523	Comète 64241
Persécuté	124207	noir	1915	Limacien 99821	Lutte 99017
Persépolis	127173	gris-foncé	1915	Liguori 103360	Illustre 82267
Persicot	128210	gris	1915	Longtemps 102618	Judaïque 87299
Persifleur	125636	gris	1915	Lumineux 100865	Gamine 70180
Persifleur	128211	gris	1915	Longtemps 102618	Maitrise 110171
Persigny	127174	bai-foncé	1915	Liguori 103360	Merveille 107279
Persil	125637	noir	1915	Lanier 99292	Jarre 83844
Persil	128220	noir	1915	Lycaon 103544	Kologne 96544
Persique	127175	noir	1915	Lagor 100512	Belladona 63457
Persistant	126779	gris-noir	1915	Jaseur 89506	Vesta 52780
Personnat	128222	bai-brun	1915	Longtemps 102618	Hièble 77712
Perthus	125309	gris	1915	Laboureur 104443	Irlande 79932
Perthus	127177	noir	1915	Heainne 75604	Jacinthe 98423
Pertinax	127178	noir	1915	Heainne 75604	Jonchée 86056
Pertinent	125647	gris	1915	Lanier 99292	Jussion 83754
Pertuis	125646	noir	1915	Lumineux 100865	Givette 69394
Pertuis	126756	noir	1915	Incident 80133	Labessière 101984
Pertuis	127180	gris-foncé	1915	Lamantin 103615	Kamille 97589
Pertuis	128227	gris-vin.	1915	Longtemps 102618	Miltiade 108520
Perturbateur	125648	noir	1915	Lanier 99292	Louisette 101246

NOM	N°	ROBE	Naissance	PÈRE	MÈRE
Pérugin	127181	gris-foncé	1915	Lamantin 103615	Fauvette 74994
Péruvien	125649	gris-vin.	1915	Lanier 99292	Trotteuse 52764
Péruvien	128229	noir	1915	Latin 100016	Gamache 98303
Péruvien	128614	noir	1915	Lazzi 97935	Impudique 82785
Pervenchères	127621	gris-foncé	1915	Douvreur-ex-Couvreur 58335	Imitation 83059
Pervenchères	128368	gris	1915	Lédon 101823	Gaulette 73153
Pervers	125650	noir	1915	Lentigo 99397	Lotie 101248
Pervers	128232	noir	1915	Latin 100016	Institution 83014
Pesant	125652	noir-zain	1915	Lanier 99292	Jointée 83755
Pesant	128233	gris	1915	Longtemps 102618	Inactive 82913
Pesaro	127182	noir	1915	Lamantin 103615	Illusion 82029
Peseur	125655	gris-l.-n.	1915	Lafayette 100646	Pelotte 43953
Peseur	128236	gris	1915	Klaustral 91061	Longe 102608
Pesen	125656	gris	1915	Lafayette 100646	Galopette 70194
Pessac	127184	noir	1915	Joliet 89140	Jérés 93481
Pessimus	125474	gris	1915	Lutécien 102720	Kwosine 92271
Pestalozzi	127186	gris-foncé	1915	Joliet 89140	Dolorès 68057
Pestret	125108	noir	1915	Fier-à-Bras 65250	Manon 67755
Pestum	128244	gris	1915	Laguis 100589	Ibérie 83235
Pétain	125683	gris	1915	Languier 100640	Robine 61305
Pétard	125313	gris-foncé	1915	Laboureur 104443	Rustique 54131
Pétard	125660	gris-vin.	1915	Lanturlu 98687	Komtesse 93126
Pétard	126923	noir	1915	Jugal 85444	Harpe 73712
Pétard	128243	alezan	1915	Laguis 100589	Moussaille 105236
Pétardier	128245	gris	1915	Lasso 103951	Loutre 102672
Pétaud	127187	noir	1915	Kidney 96741	Lapinière 103678
Petchili	127190	gris-clair	1915	Léandre 99625	Jugulaire 88337
Péterhof	127189	gris-foncé	1915	Kidney 96741	Kavale 94934
Pètesec	125152	noir-m.-t.	1915	Jallieu 86306	Médiale 108189
Petigris	125451	gris	1915	Lissoir 99476	Lactée 97917
Pétillant	125661	noir	1915	Lanturlu 98687	Impure 81499
Pétillant	126842	noir	1915	Célibat 64968	Impartiale 80981
Pétin	125452	noir	1915	Juin 83623	Kygnolle 92258
Pétiot	125662	gris	1915	Lanturlu 98687	Joule 90236
Petit	124366	gris-noir	1915	Kalcul 92482	Marmotte 108436
Petit	125665	gris	1915	Lumineux 100865	Moquette 107978
Petitbonheur	125445	alezan	1915	Julien 87316	Frivole 48046
Petitot	127191	gris-foncé	1915	Lieuvin 103348	Goguette 96884
Petitpère	125169	gris-foncé	1915	Hanneton 75587	Gloire 70858
Petitpoucet	125449	noir	1915	Jean Jack 85863	Kalb 92327
Peton	125666	noir	1915	Lumineux 100865	Hermine 74646
Peton	128247	gris fer	1915	Klaustral 91061	Graissette 73020
Petout	127227	noir	1915	Lorientais 103276	Irréfléchie 93408
Pétrarque	127197	gris vin.	1915	Léandre 99625	Hocile 98612
Pétrel	125667	gris	1915	Lumineux 100865	Laiglerie 98933

NOM	N°	ROBE	Naissance	PÈRE	MÈRE
Pétrel	128251	gris	1915	Lycaon 103544	Ios 83223
Petreto	126762	noir	1915	Heaume 75604	Mascotte 108836
Pétreux	125668	gris	1915	Lumineux 100865	Kamarde 90665
Pétri	125671	noir	1915	Larmier 99314	Kaducée 90514
Pétrin	124367	gris-noir	1915	Kalcul 92482	Margot 68030
Pétrin	125267	gris-foncé	1915	Koquelin 92226	Raclette 58624
Pétrin	125670	gris-foncé	1915	Languier 100640	Kalandre 90489
Pétrin	128254	gris-fer	1915	Kerblanc 93063	Olga 56056
Pétrisseur	125674	noir	1915	Lanier 99292	Gertrude 73330
Pétrisseur	128255	gris	1915	Longtemps 102618	Castille 61471
Pétrograd	126002	noir	1915	Lauriétin 98638	Jacobée 85713
Pétrograd	127353	gris-foncé	1915	Instar 78857	Juratoire 88361
Pétrole	125204	noir	1915	Loris 100377	Gaduine 69900
Pétrole	125672	gris-vin.	1915	Larmier 99314	Kafarde 90515
Pétroleur	125675	noir	1915	Lanier 99292	Kouverte 90474
Pétroleur	128256	gris	1915	Limonadier 101464	Merci 105993
Pétroleur	128601	gris	1915	Laurent 104533	Manon 109590
Pétrosilex	125676	gris-foncé	1915	Lanier 99292	Nicolette 57603
Pétulant	125677	noir	1915	Lanier 99292	Jaspure 85001
Pétun	125682	gris	1915	Languier 100640	Jointive 83850
Pétunia	125681	gris	1915	Languier 100640	Latude 100928
Peuple	125684	gris	1915	Lumineux 100865	Coquette 50148
Peuplier	125685	gris	1915	Lumineux 100865	Jugale 85148
Peuplier	128260	gris	1915	Klaustral 91061	Héma 75389
Peureux	128261	gris	1915	Klaustral 91061	Mandarine 59831
Peypin	126763	noir	1915	Kaïman 95482	Isba 79283
Peyrat	126770	noir	1915	Cocantin 54388	Charmante 49741
Peyriac	126758	gris	1915	Cocantin 54388	Charmante 47996
Pézenas	127741	gris	1915	Klaustral 91061	Iris 83044
Phaëton	125276	noir	1915	Japon 84819	Halozée 76623
Phaëton	125688	gris-t.-f.	1915	Koriolan 92013	Kréance 91402
Phaéton	127199	gris-foncé	1915	Jodelle 86049	Junice 88558
Phaéton	128603	noir	1915	Karapath 97283	Hampe 77336
Phalaris	127204	gris-foncé	1915	Jodelle 86049	Marquisette 59870
Phalsbourg	125202	noir	1915	Josué 88841	Charlotte 47211
Pharamond	127205	gris-foncé	1915	Krural 91866	Igualada 82025
Pharaon	128594	noir	1915	Laurent 104533	Lubie 104534
Phare	124772	noir	1915	Fier-à-Bras 65250	Kazbec 90581
Phare	125385	noir	1915	Labruty 99249	Fagotte 84373
Phare	128593	gris	1915	Laurent 104533	Lombarde 104535
Pharillon	125690	noir	1915	Kommis 93104	Kourbure 91350
Pharillon	128268	gris	1915	Limonadier 101464	Bichette 50563
Pharisien	125935	gris	1915	Koquelin 92226	Lune 99121
Pharmacien	125936	gris-clair	1915	Koquelin 92226	Kalinette 90561
Pharos	127206	gris-foncé	1915	Krural 91866	Imprécise 81494

NOM	N°	ROBE	Naissance	PÈRE	MÈRE
Pharynx	125695	bai	1915	Languier 100640	Lépante 100972
Pharynx	128273	gris	1915	Klaustral 91061	Torpille 60667
Phébus	125430	gris-foncé	1915	Josué 88841	Haripette 74658
Phébus	125693	noir	1915	Lafayette 100646	Girone 70479
Phébus	127209	gris-foncé	1915	Kidney 96741	Kouline 95873
Phébus	128271	noir	1915	Limonadier 101641	Galante 72171
Phébus	128595	gris-foncé	1915	Karapath 97283	Irlande 96895
Phédon	127210	gris-vin.	1915	Jodelle 86049	Hébé 96903
Phénicien	125696	noir	1915	Ligament 99342	Michelle 62879
Phénicien	128272	gris	1915	Kerhlane 93063	Gélatine 73013
Phénicien	128769	gris	1915	Laurent 104533	Judith 88833
Phénix	125698	noir	1915	Lumineux 100865	Normande 54646
Phénix	127213	noir	1915	Jouillat 88642	Lame 103626
Phénix	128274	gris-vin.	1915	Longtemps 102618	Ismène 83237
Phénix	128661	noir	1915	Lazarre 104493	Molécule 104858
Phénol	125703	gris	1915	Ludion 100858	Martinette 54763
Phénol	128275	noir-m.-t.	1915	Lycaon 103544	Cérès 60633
Phidias	127214	noir	1915	Krural 91866	Galathée 98363
Philémon	127216	noir	1915	Krural 91866	Hache 75375
Philétas	127217	gris-foncé	1915	Krural 91866	Déesse 57293
Philibeg	128276	gris	1915	Instar 78857	Kuizine 97587
Philibert	125489	noir	1915	Illettré 81310	Polka 58636
Philibert	127220	gris-foncé	1915	Jouillat 88642	Kermadone 95275
Philidor	124857	noir	1915	Lapereau 100259	Charmante 49279
Philidor	125282	gris	1915	Labruty 99249	Dérision 64265
Philidor	127222	gris-foncé	1915	Léandre 99625	Laforge 100874
Philipon	127223	gris-foncé	1915	Jean-qui rit 88772	Hue hue 77053
Philippe	127225	gris-foncé	1915	Luth 99969	Involutive 79255
Philistin	127226	noir	1915	Lorientais 103276	Crevette 56333
Philon	127228	noir	1915	Lorientais 103276	Hargotte 97078
Philosophe	126979	gris-foncé	1915	Jugal 85444	Koloupis 95122
Phlegmon	128277	noir	1915	Douvreur-ex-Couvreur 58335	Rosette 51266
Phlox	125705	noir	1915	Lanturlu 98687	Invention 79478
Phlox	128279	noir-m.-t.	1915	Ludion 102688	Hochette 75535
Phocas	127235	noir-zain	1915	Lagor 100512	Ligne 103353
Phocas	127837	gris	1915	Liquereux 103851	Mœlue 110803
Phocéen	128281	noir	1915	Longtemps 102618	Laurée 101790
Phonographe	125195	gris	1915	Josué 88841	Alpine 54453
Phonographe	128721	noir	1915	Joyeux 88776	Karcilla 97704
Phoque	125190	bai chât.	1915	Japon 84819	Karmenn 90646
Phoque	125708	noir	1915	Kapuly 92818	Giralda 98128
Phoque	128283	gris	1915	Kobez 96324	Mignonnette 104818
Phoque	128759	noir	1915	Interprète 80635	Henne 78199
Phoscao	124434	gris foncé	1915	Ivan 81244	Indiana 54498
Phraseur	124636	noir	1915	Josué 88841	Jairville 86469

NOM	N°	ROBE	Naissance	PÈRE	MÈRE
Phrygien	124385	gris	1915	Laboureur 104443	Incontrite 81967
Phrygien	128288	gris-vin.	1915	Kavaignac 96510	Iris 83024
Phycis	128290	gris-bleu	1915	Lettré 104631	Kuvette 96418
Phylistin	125514	gris	1915	Impérator 83461	Galipette 70467
Physicien	124587	gris	1915	Ivan 81244	Isaure 93531
Piaffeur	125709	gris-foncé	1915	Kapuly 92818	Fauvette 97076
Pian	128295	gris	1915	Keris 93769	Klairville 96519
Pianino	125717	gris	1915	Koquelin 92226	Marlouse 105548
Pianino	128298	noir	1915	Insipide 82466	Kalmie 97132
Pianista	125719	gris	1915	Jallieu 86306	Juridique 85220
Piano	125721	gris	1915	Limacien 99821	Indépendante 78499
Piano	128294	bai	1915	Jan 84219	Vivette 43977
Piat	125725	gris	1915	Koquelin 92226	Bichonne 57474
Pibrac	127239	gris-foncé	1915	Liguori 103360	Garonne 71274
Pibrock	128302	gris	1915	Kangourou 91649	Kaptive 97481
Pic	125729	noir	1915	Jallieu 86306	Kuscute 91906
Picador	124231	noir	1915	Hanneton 75587	Italique 79942
Picador	125377	gris-foncé	1915	Jean-qui-rit 88772	Image 81460
Picador	125736	noir	1915	Képi 91690	Jaserie 85793
Picador	128306	noir	1915	Kourlis 95894	Gertrude 72063
Picador	128737	noir-zain	1915	Joyeux 88776	Mandarinette 11122
Picaillon	125737	noir	1915	Képi 91690	Grenadille 70720
Picaillon	128307	gris	1915	Kourlis 95894	Intempérie 79919
Picard	125710	gris	1915	Kapuly 92818	Lévie 100980
Picard	126265	gris	1915	Lucumon 100857	Jeliotte 98457
Picard	127240	gris-foncé	1915	Jouillat 88642	Hauteclaire 64626
Picardan	125740	gris	1915	Limon 99810	Loupette 99173
Picarel	125743	noir-rub.	1915	Limon 99810	Rustique 49491
Picarel	128312	gris	1915	Kourlis 95894	Jambette 87183
Picaro	125744	noir	1915	Limon 99810	Kine 90401
Piccolo	125746	noir	1915	Limacien 99821	Jacynte 67063
Pichegru	126875	gris	1915	Laceron 98868	Gloutonne 71903
Pichegru	127243	noir	1915	Kérouriou 92358	Kanitie 95590
Pichegru	128758	gris	1915	Interprète 80665	Julie 86718
Pichepin	125163	noir	1915	Jallieu 86306	Massuette 105301
Pichet	125747	gris	1915	Languier 100640	Kahotage 90524
Pick	124722	noir	1915	Japon 84819	Hotesse 58713
Pickpocket	125749	gris	1915	Lucumon 100857	Kause 91198
Pickpocket	128736	gris vin.	1915	Joyeux 88776	Négresse 63713
Picon	124876	noir	1915	Japon 84819	Kousseine 90615
Picon	124946	gris-foncé	1915	Komitat 91759	Lavure 103093
Picot	125757	noir	1915	Fier-à-Bras 65250	Ravaude 58226
Picotin	125170	noir	1915	Hanneton 75587	Judicature 84618
Picotin	125755	gris	1915	Képi 91690	Laceuse 100562
Picpoket	125279	noir	1915	Jean-Jack 85863	Narcisse 67782

NOM	N°	ROBE	Naissance	PÈRE	MÈRE
Picrate	128735	gris-r.	1915	Interprète 80665	Attalie 68344
Pictural	125756	gris	1915	Fier-à-Bras 65250	Guimauve 68140
Pictural	128314	gris	1915	Kangurou 91649	Charlotte 50327
Picurat	125436	noir	1915	Laboureur 104443	Élégante 63866
Pied	125760	bai	1915	Képi 91690	Jarre 84857
Piédenez	125053	gris	1915	Juin 83623	Sirène 67351
Piédestal	124616	gris	1915	Loris 100377	Bachelique 66288
Piédestal	125761	gris	1915	Fier-à-Bras 65250	Huette 77134
Piédestal	128319	gris	1915	Loiret 103444	Myosotis 38300
Piège	124369	noir	1915	Kalcul 92482	Tisonne 61825
Piémont	124202	noir	1915	Jallieu 86306	Kassiette 92069
Piémontais	125763	gris	1915	Képi 91690	Kavinette 91741
Piémontais	128320	noir	1915	Jalabert 85688	Jaserie 89093
Piémontais	128724	gris	1915	Joyeux 88776	Durance 96978
Pierre	126567	gris-foncé	1915	Lorientais 103276	Karotide 94872
Pierreux	128321	gris	1915	Klaro 97235	Altière 98562
Pierrier	128322	gris	1915	Kangurou 91649	Castille 54456
Pierrot	125569	noir	1915	Lorrain 101254	Gabrielle 70675
Pierrot	125625	gris-foncé	1915	Koucou 91328	Igue 78588
Pierrot	125774	gris	1915	Fier-à-Bras 65250	Jugeote 85144
Pierrot	126574	gris	1915	Loto 104424	Judicieuse 86644
Pierrot	128324	bai	1915	Loiret 103444	Marcheuse 111402
Pierrot	128622	noir	1915	Karapath 97283	Idole 98239
Piéton	125777	gris f.-l.-v.	1915	Lucumon 100857	Kanine 92860
Piéton	126787	gris	1915	Huron 77627	Rita 55597
Piéton	128326	gris	1915	Loquace 104466	Libertine 103945
Pigeon	125099	gris	1915	Japon 84819	Klette 91738
Pigier	126537	noir	1915	Lori 102083	Lastuce 100793
Pignon	124197	noir	1915	Leporck 98669	Fantine 67834
Pignon	125173	gris-foncé	1915	Limon 99810	Gibelette 69404
Pihonnof	124789	gris-foncé	1915	Lissoir 99476	Girandole 70891
Pilastre	125448	noir-zain	1915	Lissoir 99476	Berluche 63154
Pilate	127250	gris-foncé	1915	Lyonnais 102760	Jabès 88478
Pilet	128334	gris	1915	Jalabert 85688	Gala 104739
Pileur	128336	gris	1915	Kangurou 91649	Mouette 111318
Pilier	125781	gris	1915	Lorrain 101254	Laconie 101131
Pilier	126433	noir	1915	Karolus 93008	Rosière 53809
Pilier	128337	noir-zain	1915	Lapsus 104417	Goulue 98569
Pillac	126563	noir	1915	Jouillat 88642	Lisette 78550
Pillard	125782	noir	1915	Lorrain 101254	Bichette 54282
Pillard	128338	noir	1915	Loquace 104466	Rosette 75055
Pilleur	125783	noir	1915	Lorrain 101254	Karte 90995
Pillier	124514	gris-foncé	1915	Laboureur 104443	La Brune 54620
Pilo	124720	gris	1915	Képi 91690	Cocotte 58259
Pilon	124365	noir	1915	Kalcul 92482	Operette 57678

NOM	N°	ROBE	Naissance	PÈRE	MÈRE
Pilon	125215	gris	1915	Loris 100377	Kapillaire 90755
Pilon	125784	gris	1915	Jonas 84244	Galanterie 71415
Pilon	126958	noir	1915	Lapereau 100259	Quémandeuse 63300
Pilon	127251	noir-zain	1915	Lyonnais 102760	Lisette 59630
Pilon	128342	noir	1915	Loquace 104466	Élodie 68873
Pilori	125073	bai-ch.-z.	1915	Hanneton 75587	Tricheuse 63162
Pilori	125389	bai-rub.	1915	Lutécien 102720	Iachine 98410
Pilori	125787	noir-zain	1915	Kommis 93404	Lanche 99284
Pilori	126780	rouan	1915	Indécis 83374	Joviette 89458
Pilori	128344	noir	1915	Jalabert 85688	Lisette 101511
Pilori	128598	gris	1915	Loupillon 99586	Pervenche 50538
Pilorier	125790	noir	1915	Lorrain 101254	Intelligente 78675
Pilot	125789	gris	1915	Lorrain 101254	Gustative 69374
Pilot	128345	gris	1915	Jalabert 85688	Iroquoise 98577
Pilote	125791	noir	1915	Jua 83570	Katherine 90385
Pilote	126812	noir-zain	1915	Jasmin 83835	Kocotte 93175
Pilote	128346	gris	1915	Loiret 103444	Florence 75078
Pilotin	125792	gris	1915	Jua 83570	Irène 81421
Pilotin	128348	gris	1915	Loiret 103444	Fleurie 96899
Pilotis	125793	bai	1915	Jua 83570	Io 80782
Pilotis .	128349	gris	1915	Guillaume-Tell 72926	Vaillante 54240
Piloty	127253	gris-foncé	1915	Lyonnais 102760	Kasemate 94889
Pilou	125794	gris	1915	Jua 83570	Intensive 78667
Pilou	128350	gris	1915	Klaro 97235	Loth 104024
Pilule	125347	noir	1915	Languier 100640	Coquette 54278
Pilulier	128351	gris	1915	Loiret 103444	Joyeuse 88952
Pilum	128352	gris	1915	Loiret 103444	Liane 104031
Piment	125796	gris	1915	Lucumon 100857	Loge 101062
Piment	128353	noir	1915	Loquace 104466	Hollande 77861
Pimpant	124882	noir	1915	Célibat 64968	Kadena 91227
Pimpant	126010	gris-foncé	1915	Huitain 73993	Judée 87924
Pimpant	126946	gris	1915	Lapereau 100259	Elmire 104758
Pin	128357	gris	1915	Kimono 97148	Katelle 97565
Pinçard	125800	gris-t.-f.	1915	Koucou 91328	Journée 83726
Pinceau	125805	gris	1915	Languier 100640	Konsonne 91795
Pinceau	128358	gris	1915	Loiret 103444	Joyeuse 88996
Pincenez	125123	noir	1915	Liébig 98997	Gavotte 68376
Pinchard	128364	gris	1915	Loquace 104466	Sucrette 84491
Pinçon	125814	gris-t.-f.	1915	Logis 99269	Kalmia 96266
Pineau	125815	noir	1915	Logis 99269	Active 64676
Pinel	127254	noir	1915	Lescapé 99345	Imitatrice 82338
Pingouin	124416	gris	1915	Loris 100377	Kapote 90770
Pingouin	125811	gris	1915	Koucou 91328	Kérite 89694
Pingouin	128373	gris	1915	Loiret 103444	Lizette 57504
Pingre	125816	gris	1915	Logis 99269	Kabylie 96254

NOM	N°	ROBE	Naissance	PÈRE	MÈRE
Pingre	126916	noir	1915	Lagor 100512	Kassutas 93922
Pinsk	127255	gris-foncé	1915	Lyonnais 102760	Lisette 98374
Pinson	124924	gris	1915	Karrich 92710	Grassette 87563
Pinson	125819	noir	1915	Limon 99810	Krédence 93238
Pinson	125995	gris-v.-f.	1915	Lorientais 103276	Fauvette 47283
Pinson	128374	noir	1915	Kimono 97148	Gazette 90127
Pintadeau	125820	noir	1915	Logis 99269	Binette 61432
Pinto	127256	gris-foncé	1915	Lagor 100512	Jalapa 88492
Piocheur	125821	gris	1915	Limon 99810	Hippophagie 76180
Piocheur	128377	gris	1915	Doguet-ex-Sapeur 60641	Zéline 81822
Piochon	125822	gris	1915	Logis 99269	Métrologie 107995
Piochon	128382	noir	1915	Loiret 103444	Coquette 54494
Piolet	125824	noir	1915	Logis 99269	Biche 49574
Piolet	128375	gris	1915	Loiret 103444	Fleurine 60794
Piombino	127259	noir	1915	Lyonnais 102760	Ivraie 80268
Pion	125826	noir	1915	Logis 99269	Laure 99424
Pionnier	125827	gris	1915	Limon 99810	Justice 98133
Pionnier	128384	noir	1915	Guillaume-Tell 72926	Péniche 52222
Piot	125828	noir	1915	Limon 99810	Crème 93240
Piot	128388	gris	1915	Doguet ex-Sapeur 60641	Mendoza 111247
Pioupiou	125829	noir	1915	Logis 99269	Ramette 65324
Pioupiou	128389	noir	1915	Guillaume-Tell 72926	Grisaille 71917
Pipa	128390	bai	1915	Loiret 103444	Karlia 97189
Pipeau	125833	gris	1915	Lafayette 100646	Humilité 74236
Pipeau	128391	gris	1915	Kolnoky 92220	Lanice 103990
Pipelet	125834	noir	1915	Jua 83570	Hélène 73773
Pipelet	127015	gris-fer	1915	Jonilhat 88642	Karoline 93018
Pipelet	128392	bai	1915	Doguet ex-Sapeur 60641	Étincelle 63651
Pipérin	125835	gris-clair	1915	Jonas 84244	Imprudente 78961
Pipérin	128394	gris	1915	Klaro 97235	Jarretière 84049
Pipéronal	125837	gris	1915	Limon 99810	Lize 100768
Pipo	126912	noir	1915	Lagor 100512	Hilote 77342
Pipo	126966	noir-zain	1915	Célibat 64968	Hersèque 97092
Pipon	125111	noir	1915	Japon 84819	Ilia 81298
Pipon	127713	gris-cl.-v.	1915	Languier 100640	Ibéride 82871
Piquant	125841	gris-foncé	1915	Limon 99810	Jaunière 85105
Piquant	128396	gris	1915	Haruku-ex-Hidalgo 77164	Jaiklisse 85278
Piquet	125221	noir	1915	Japon 84819	Lanègre 98896
Piquet	125842	alezan	1915	Logis 99269	Condette 55197
Piquet	128398	noir-zain	1915	Intuitif 79556	Moyère 110828
Piqueteur	125850	gris-foncé	1915	Lougre 100470	Jitomir 86171
Piqueur	125844	gris-foncé	1915	Limon 99810	Kassation 91032
Piqueur	127019	noir	1915	Jonilhat 88642	Ilia 98491
Piqueur	128381	gris-foncé	1915	Langon 104670	Judée 88990
Piquier	125845	gris	1915	Limon 99810	Perronne 50460

NOM	N°	ROBE	Naissance	PÈRE	MÈRE
Piquier	128405	noir	1915	Loto 104424	Kouka 97349
Piquoir	125847	noir	1915	Lougre 100470	Gasconnade 70712
Piquoir	128406	noir	1915	Loto 104424	Isère 98124
Pirate	125036	noir	1915	Jallieu 86306	Sibérienne 52654
Pirate	125848	noir	1915	Lumineux 100865	Distinguée 54744
Pirate	128409	gris	1915	Loto 104424	Isabelle 82622
Pirate	128727	noir	1915	Interprète 80665	Etoile 50134
Pirée	127063	noir	1915	Huitain 73993	Insipide 82376
Piron	124784	gris-foncé	1915	Japon 84819	Résida 49456
Piron	125041	bai chat.	1915	Larpent 99117	Hourvari 75652
Piron	126962	gris-tr.-f.	1915	Huitain 73993	Coquette 43268
Piron	127262	noir	1915	Lyonnais 102760	Lingère 100737
Pirot	125277	noir	1915	Japon 84819	Kagosina 92275
Pirot	126824	noir	1915	Indécis 83374	Honorine 74330
Pirot	127034	noir	1915	Huitain 73993	Bijou 78537
Pisano	127264	noir	1915	Lori 102083	Linette 100736
Pison	125943	gris	1915	Logis 99269	Pompeuse 63144
Pissat	125946	noir	1915	Lapsus 99303	Inscrite 80413
Pissot	125387	gris	1915	Limon 99810	Mazarine 106159
Pissot	127927	gris - clair	1915	Kavaignac 96510	Joyeuse 55838
Pistil	127006	noir	1915	Lamarck 100517	Mode 106724
Pistil	128417	gris	1915	Loto 104424	Janicule 89041
Pistolet	124853	noir	1915	Jallieu 86306	Héraclée 98050
Pistolet	125081	noir	1915	Fier-à-Bras 65250	Brillante 63121
Pistolet	125200	gris	1915	Loris 100377	Marjolaine 105890
Pistolet	125548	noir	1915	Lapsus 99303	Kambelle 90349
Pistolet	128419	gris	1915	Languedoc 104423	Iton 82663
Pistolet	128728	gris	1915	Joyeux 88776	Indécise 82746
Piston	125623	noir	1915	Jonas 84244	Goulette 70208
Piston	128420	gris	1915	Languedoc 104423	Korola 96647
Piston	128730	noir	1915	Interprète 80665	Historienne 77322
Pitaud	128421	noir	1915	Loto 104424	Kalle 97402
Pitchpin	128422	gris	1915	Lebrun 104677	Kalendre 97398
Piteux	128428	noir	1915	Lambin 104660	Héroïne 78324
Pithou	127267	gris-foncé	1915	Languier 100640	Lanière 103669
Piton	124234	noir	1915	Hanneton 75587	Jamoize 85917
Piton	125068	bai-ch.-f.	1915	Julien 87316	Jigolette 87948
Piton	125960	gris-foncé	1915	Krural 91866	Grammaire 71707
Piton	126955	gris	1915	Kalcul 92482	Livrée 103163
Piton	128429	gris	1915	Linoléum 103830	Joconde 98554
Pitot	124905	bai-cerise	1915	Japon 84819	Isère 80836
Pitou	124716	gris	1915	Jallieu 86306	Brindille 54932
Pitou	126940	gris-foncé	1915	Lapereau 100259	Griffarde 98473
Pitre	125962	gris	1915	Kontemporain 91579	Négresse 53810
Pitre	128613	gris	1915	Joyeux 88776	Aréna 37707

NOM	N°	ROBE	Naissance	PÈRE	MÈRE
Pitt	126308	gris	1915	Fier-à-Bras 65250	Kamée 92494
Pitt	127273	gris-foncé	1915	Krural 91866	Gisèle 72892
Pitt	127289	noir	1915	Konstat 95797	Jurisprudence 88566
Pituiteux	125964	noir	1915	Larret 100780	Mouquère 68500
Pituiteux	128430	bai	1915	Loiret 103444	Moustille 110817
Pivard	126996	gris	1915	Long 99533	Isola-Bella 82264
Pivert	124573	gris	1915	Illettré 81310	Pierrette 52666
Pivert	125958	gris-foncé	1915	Kimberley 92885	Gisèle 70796
Pivert	126000	noir	1915	Lauriétin 98638	Gazelle 69775
Pivert	126941	noir	1915	Huitain 73993	Distinguée 97121
Pivert	127062	g.-c-d-m.	1915	Huitain 73993	Hautaine 73694
Pivert	127373	gris-clair	1915	Lysias 103555	Arlette 61181
Pivert	128431	noir	1915	Loto 104424	Fileuse 90112
Pivot	125194	gris	1915	Ivan 81244	Trompette 53465
Pivot	125490	gris-foncé	1915	Laboureur 104443	Mouvette 49351
Pivot	125959	gris-foncé	1915	Koridan 92013	Coquette 49214
Pivot	128432	noir	1915	Kaisson 97384	Kamarde 97410
Pivot	128612	bai-brun	1915	Barnae 51162	Limonade 104516
Placard	125965	gris foncé	1915	Lucumon 100857	Mouvette 46464
Placement	125967	bai-brun	1915	Képi 91690	Lisette 49315
Placet	125968	gris	1915	Képi 91690	Kavalière 91215
Placet	128436	noir	1915	Languedoc 104423	Idole 82848
Placeur	125969	noir	1915	Lambris 97845	Lisette 68837
Placide	124201	gris	1915	Jallieu 86306	Hotte 74169
Placide	127275	noir	1915	Lyonnais 102760	Jouvencelle 88310
Placier	125970	gris	1915	Lambris 97845	Indore 81046
Plafond	125487	noir	1915	Illettré 81310	Veilleuse 52578
Plafond	125971	gris	1915	Japon 84819	Isla 81546
Plafond	128443	gris	1915	Loiret 103444	Linette 103813
Plagiat	125972	noir	1915	Lauriétin 98638	Minute 106803
Plagiat	128444	gris	1915	Loiret 103444	Hyène 87629
Plagier	125975	gris	1915	Komitat 91759	Lapagerie 97770
Plaid	125978	noir	1915	Jodelle 86049	Kassave 94892
Plaid	128447	gris	1915	Loto 104424	Margot 51112
Plaisant	125984	noir	1915	Lanzarlu 98687	Palme 53105
Plaisant	126792	noir	1915	Lambese 100524	Hyacinthe 77552
Plaisantin	125986	noir	1915	Lucumon 100857	Manillure 106984
Plaisantin	128449	gris	1915	Loto 104424	Jodelle 89231
Plaisir	125985	gris	1915	Lanzarlu 98687	Incidence 78707
Plaisir	128451	noir-zain	1915	Lebrun 104677	Limition 103829
Plan	125991	noir	1915	Logos 99473	Lannie 100611
Plan	128453	noir	1915	Languedoc 104423	Docile 50704
Plançon	125994	noir-zain	1915	Fier-à-Bras 65250	Idylle 78590
Planeur	125851	gris	1915	Lougre 100470	Kaldaye 90290
Plano	125305	gris	1915	Laboureur 104443	Lettre 98023

NOM	N°	ROBE	Naissance	PÈRE	MÈRE
Planoir	124744	gris-r.	1915	Karolus 93008	Kolone 93921
Planoir	125855	rouan	1915	Logis 99269	Miette 107827
Plant	124745	noir	1915	Karolus 93008	Laie 100168
Plantain	125402	noir	1915	Ivan 81244	Hastaroth 74410
Plantain	125858	noir	1915	Insipide 82466	Gamine 49970
Planteur	125379	noir	1915	Jean-qui-rit 88772	Limagne 100317
Planteur	128743	gris	1915	Martial 110968	Minute 114161
Plantin	127277	gris-foncé	1915	Kodi 94246	Hochette 75490
Planton	124192	noir	1915	Koquelin 92226	Justicia 85803
Planton	125378	gris-fer f.	1915	Jean-qui-rit 88772	Julie 88076
Planton	125860	gris clair	1915	Logis 99269	Gentillesse 71052
Planton	128461	gris	1915	Loto 104424	Jetée 89126
Plaqueur	128462	gris	1915	Languedoc 104423	Kermesse 97329
Plastron	124746	gris	1915	Josué 88841	Héliane 75699
Plastron	125303	noir	1915	Labruty 99249	Grenouillette 70382
Plastron	125864	gris	1915	Limon 99810	Fernande 59042
Plastron	128463	gris	1915	Limeur 103795	Farandole 90116
Plat	124396	gris	1915	Lasso 103951	Halfa 76291
Plateau	125867	noir	1915	Limon 99810	Grenouille 70211
Plateau	128464	gris	1915	Limeur 103795	Kantatrice 97453
Platin	124363	gris	1915	Lumineux 100865	Kasquette 91026
Platin	128465	gris	1915	Lot 100808	Idole 82755
Platon	124235	noir	1915	Fier-à-Bras 65250	Colombine 62922
Platon	128466	gris	1915	Limeur 103795	Joyeuse 89469
Platon	128764	noir	1915	Interprète 80665	Gripette 70247
Platonet	125854	bai	1915	Logis 99269	Klarinette 92964
Platonicien	125871	gris	1915	Logis 99269	Kondition 91136
Plâtras	125872	gris	1915	Limon 99810	Janicule 86150
Plâtreux	128470	gris	1915	Lebrun 104677	Mozette 110831
Platrier	125873	gris	1915	Limon 99810	Gustine 71046
Plâtrier	128467	gris	1915	Lippu 103846	Gazelle 73140
Plébéien	125874	gris-foncé	1915	Koucou 91328	Jouvence 96908
Plébéien	128468	gris	1915	Limeur 103795	Journalière 89167
Plège	126953	noir	1915	Komitat 91759	Harpagonne 77216
Plein	125876	gris	1915	Lapsus 99303	Klovisse 91128
Plein	128471	bai-brun	1915	Languedoc 104423	Castille 93296
Plessimètre	124714	gris	1915	Loris 100377	Gigogne 98152
Plessis	124783	gris	1915	Hiersac 76358	Jussion 86328
Plessis	125769	noir	1915	Lauriétin 98638	Jarne 85521
Plessis	126100	gris	1915	Languier 100640	Lutèce 99782
Plessis	126376	noir	1915	Iowa 80989	Mouvette 106149
Plessis	126994	noir	1915	Huitain 73993	Klaire 94951
Plessis	128495	gris	1915	Koypel 96590	Lieuse 101926
Plessis	128472	noir	1915	Loto 104424	Madère 50194
Plet	125878	noir	1915	Jasmin 83835	Kabylie 90326

NOM	N°	ROBE	NAISSANCE	PÈRE	MÈRE
Plet	128473	noir	1915	Loto 104424	Hématie 75427
Pleur	125881	noir	1915	Jasmin 83835	Fanchette 97044
Pleurard	125885	bai-brun	1915	Jasmin 83835	Lacette 59010
Pleurard	128475	noir	1915	Lambin 104660	Bagné 82632
Pleureur	125886	gris-noir	1915	Larret 100780	Margot 61338
Pleureur	128477	gris	1915	Logicien 103918	Khavi 97199
Pleureux	125887	noir	1915	Jasmin 83835	Lorgnette 101103
Pleutre	125888	noir	1915	Lougre 100470	Frivole 65615
Pleutre	128479	gris	1915	Languedoc 104423	Kyrielle 97702
Plexus	125889	gris	1915	Jasmin 83835	Floride 84369
Plexus	128482	gris	1915	Kanguron 91649	Hostilité 75738
Pleyon	125890	noir zain	1915	Lougre 100470	Kasquette 90466
Pleyon	128483	gris	1915	Liquoreux 103851	Inde 98541
Pli	125892	noir	1915	Larret 100780	Informe 79810
Pliant	125893	noir-zain	1915	Lougre 100470	Brillantine 52884
Plieur	125897	gris	1915	Jasmin 83835	Institutrice 78647
Plieur	128484	gris	1915	Logicien 103918	Soumise 50326
Plioir	125900	noir	1915	Larret 100780	Mélanémie 108207
Plioir	128487	noir	1915	Languedoc 104423	Histoire 75533
Ploc	125903	gris-foncé	1915	Lougre 100470	Rosette 48179
Ploc	128488	noir	1915	Languedoc 104423	Fleurette 48200
Plock	126582	noir	1915	Incident 80133	Ruminante 69059
Plomb	125905	noir	1915	Jasmin 83835	Kocarina 90331
Plomb	128489	noir	1915	Linoléum 103830	Ergoline 38699
Plombeur	125906	noir	1915	Jasmin 83835	Larchage 101025
Plombier	125910	gris	1915	Lougre 100470	Mélinite 108215
Plongeant	125912	noir	1915	Lougre 100470	Mélisse 108217
Plongeon	125914	gris	1915	Ligament 99342	Rustique 53982
Plongeon	128494	noir	1915	Languedoc 104423	Kermesse 97692
Plongeur	125916	gris-foncé	1915	Ligament 99342	Pirouette 65632
Plongeur	128495	gris	1915	Languedoc 104423	Limande 103789
Ploutocrate	125918	noir	1915	Ligament 99342	Kraquette 90485
Plucheux	125920	gris-vin.	1915	Ligament 99342	Kastagnette 91111
Plucheux	128496	gris	1915	Languedoc 104423	Grisette 63727
Plumard	125921	gris noir	1915	Ligament 99342	Rosette 67630
Plumard	126526	noir	1915	Haïtain 73993	Jobine II 54236
Plumard	128498	gris	1915	Languedoc 104423	Civette 68892
Plumasseau	125922	noir	1915	Ligament 99342	Irma 90171
Plumassier	125925	gris-foncé	1915	Ligament 99342	Gâtinaise 69435
Plumeau	125926	noir	1915	Ligament 99342	Jarde 84988
Plumeau	128503	gris	1915	Limaçon 103785	Dame 50833
Plumet	125930	bai-br. f.	1915	Kœquelin 92226	Jazette 85816
Plumet	128505	gris	1915	Limaçon 103785	Jacobine 89194
Plumetis	125932	noir	1915	Fier à Bras 65250	Laborne 52393
Plumetis	128506	noir	1915	Limaçon 103785	Radieuse 64816

NOM	N°	ROBE	Naissance	PÈRE	MÈRE
Plumier	128509	gris	1915	Limaçon 103785	Istalif 82672
Plural	125516	gris	1915	Janséniste 86818	Malice 47712
Plutarque	126808	noir-zain	1915	Guignolet 70023	Laura 102449
Pluton	125239	gris	1915	Lutécien 102720	Galliéra 70270
Pluton	125364	bai-brun	1915	Huitain 73993	Voltige 67988
Pluton	125591	noir zain	1915	Jua 83570	Kiche 90283
Pluton	125938	gris	1915	Kaniveau 90726	Hoquette 97103
Pluton	126585	gris	1915	Limaçon 103785	Hôtesse 78303
Pluton	128734	noir	1915	Interprète 80665	Lisette 50638
Plutonien	125517	noir	1915	Jersey 86498	Biche 98065
Pluvial	125518	gris	1915	Jersey 86498	Jouvence 86776
Pluvian	125519	gris-noir	1915	Limon 99810	Habituée 74602
Pluvier	125520	noir zain	1915	Limacien 99821	Mardelle 108022
Pluvieux	125336	gris	1915	Jean-qui-rit 88772	Gentille 70914
Pluvieux	125521	noir	1915	Lucumon 100857	Bichette 54262
Pluviose	126049	noir	1915	Hiersac 76358	Kivala 95221
Pneu	124238	gris	1915	Lambris 97845	Moutarde 105597
Pochard	125209	gris-foncé	1915	Loris 100377	Kadmée 96447
Pochard	125398	noir	1915	Lagor 100512	Homardise 74145
Pochard	125479	noir-zain	1915	Lambris 97845	Lysippe 101639
Pochard	125523	gris-noir	1915	Handin 73681	Joliette 84870
Pochard	127018	gris-foncé	1915	Jouillat 88642	Kalouga 95395
Poché	124421	noir	1915	Kidney 96741	Parade 52437
Pochon	125525	gris	1915	Larpent 99117	Flora 90234
Pochon	128522	noir	1915	Kaisson 97384	Karolina 96832
Podalire	125401	noir	1915	Ivan 81244	Coquette 98064
Podestat	125532	noir-zain	1915	Kommis 93104	Langogne 100883
Podestat	128524	gris	1915	Limaçon 103785	Koléa 97347
Podium	125538	gris	1915	Koucou 91328	Ibéride 79503
Poêlon	125541	gris- tr. f.	1915	Koucou 91328	Lausanne 100936
Poignard	125555	bai	1915	Lapsus 99303	Gripette 70223
Poignard	128525	noir	1915	Limaçon 103785	Muabilité 110832
Poignet	125556	gris	1915	Koucou 91328	Lasable 100909
Poilard	125909	gris	1915	Longre 100470	Gustine 69650
Poilu	124499	gris	1915	Jouillat 88642	Maladroite 106466
Poilu	125105	gris	1915	Képi 91690	Risette 52740
Poilu	126001	noir	1915	Lauriétin 98638	Grivette 71220
Poilu	128023	gris	1915	Kolomb 96547	Mouvette 55981
Poilu	128387	gris	1915	Klaro 97235	Heptandrie 77510
Poinrond	125306	gris	1915	Lissoir 99476	Musette 55330
Poinsot	126586	noir	1915	Iman 81894	Judith 86861
Point	125557	gris-foncé	1915	Jasmin 83835	Kordre 90365
Pointal	125559	noir	1915	Lapsus 99303	Galopette 69366
Pointeur	125561	gris-vin.	1915	Jasmin 83835	Ursule 58379
Pointeur	128744	noir	1915	Interprète 80665	Mouchette 50641

NOM	N°	ROBE	Naissance	PÈRE	MÈRE
Pointu	128529	gris	1915	Interprète 80665	Diva 98535
Poireau	125331	gris	1915	Ivan 81244	Colline 64936
Poireau	128532	bai	1915	Logicien 103918	Hégire 97726
Poirier	125563	gris	1915	Jonas 84244	Africaine 47150
Poirier	128533	noir	1915	Limaçon 103785	Vermeille 68992
Pois	125564	noir	1915	Lapsus 99303	Cocotte 50489
Poison	125565	gris	1915	Lapsus 99303	Invitation 80566
Poison	128537	bai-brun	1915	Languedoc 104423	Orpheline 55085
Poisseux	125571	noir	1915	Lapsus 99303	Lactate 100151
Poisson	125086	noir	1915	Lambris 97845	Invagination 79187
Poitevin	125575	gris-foncé	1915	Koucou 91328	Hulotte 74234
Poitevin	128538	gris	1915	Loto 104424	Limeuse 103792
Poitou	126235	gris	1915	Guillaume-Tell 72926	Mandarine 111242
Poitrail	125578	gris	1915	Lapsus 99303	Altesse 66414
Poitrail	128540	noir	1915	Lambin 104660	Logette 103912
Poivre	125579	gris-foncé	1915	Lapsus 99303	Cabale 68671
Poivrier	125582	bai	1915	Jua 83570	Henriette 74808
Poivrier	128541	noir	1915	Loto 104424	Lisette 43551
Poivron	125587	noir	1915	Handin 75681	Kascade 92545
Poivron	128544	noir	1915	Lambin 104660	Joviale 89174
Poivrot	124294	gris	1915	Fier-à-Bras 65250	Gravelle 70373
Poivrot	125164	gris-foncé	1915	Lissoir 99476	Jamotte 85965
Poivrot	125595	noir-zain	1915	Kimberley 92885	Hébé 74529
Poivrot	126913	noir	1915	Lagor 100512	Pelote 59776
Poivrot	128545	gris	1915	Kaisson 97384	Lippe 103840
Poker	125588	noir	1915	Koucou 91328	Glorieuse 70923
Poker	128547	gris	1915	Kangurou 91649	Lingère 104415
Polder	125597	gris-foncé	1915	Kimberley 92885	Kouronne 91352
Poli	125602	gris-vin.	1915	Koucou 91328	Framboise 47958
Policeman	125603	gris-foncé	1915	Koucou 91328	Rustique 62130
Policeman	128550	gris	1915	Loto 104424	Hulotte 74875
Polichinel	124223	gris foncé	1915	Juin 83623	Kni 92164
Policier	125605	noir-zain	1915	Lumineux 100865	Altesse 47265
Policier	128552	noir-zain	1915	Loto 104424	Litharge 103874
Policier	128742	noir-zain	1915	Martial 110968	Horlogère 77765
Polidor	124486	noir	1915	Jaseur 89506	Marmite 109076
Polignac	125613	gris-foncé	1915	Ligament 99342	Julienne 85038
Polignac	125937	noir-zain	1915	Jonas 84244	Julienne 85142
Polignac	128551	alezan-r.	1915	Liquoreux 103851	Judith 93536
Polin	124564	noir	1915	Kimberley 92885	Recette 47965
Polin	127465	noir-zain	1915	Importun 80576	Luette 99926
Polisseur	125617	gris-foncé	1915	Koucou 91328	Kassette 90310
Polissoir	125620	gris foncé	1915	Jonas 84244	Mellite 108234
Polisson	124317	noir	1915	Mareuil 53343	Valseuse 63579
Polisson	125301	noir	1915	Languier 100640	Laglue 98922

NOM	N°	ROBE	NAISSANCE	PÈRE	MÈRE
Polisson	125627	gris-f.-f.	1915	Koucou 91328	Gasdone 71067
Polisson	128554	gris	1915	Logicien 103918	Junte 87496
Politicien	125628	gris-f.-f.	1915	Koucou 91328	Leue 100925
Politicien	128553	gris	1915	Loto 104424	Miquette 110739
Polkeur	125630	gris-foncé	1915	Koucou 91328	Glaneuse 70150
Pollion	126240	noir	1915	Kidney 96741	Thérésa 45954
Pollion	127284	gris-foncé	1915	Instrument 80964	Lactéine 103574
Pollux	126241	noir-zain	1915	Kidney 96741	Krevette 96034
Pollux	127285	gris-foncé	1915	Lyonnais 102760	Incartade 81946
Polné	125034	gris-foncé	1915	Koquelin 92226	Historique 74472
Polo	125951	gris-noir	1915	Lori 102083	Lavacherie 103520
Polo	126239	gris	1915	Kontemporain 91579	Locharde 65012
Polo	127286	noir	1915	Lyonnais 102760	Junon 88562
Polonais	125998	gris	1915	Lagor 100512	Kystique 92953
Polonais	128750	noir	1915	Loto 104424	Kripolia 97244
Poltron	124384	noir	1915	Lapereau 100259	Modestie 56531
Poltron	124918	gris-foncé	1915	Koriolan 92013	Hortense 73846
Poltron	125038	gris	1915	Jallieu 86306	Liffe 98958
Poltron	125580	noir-zain	1915	Lumineux 100865	Nina 68614
Poltron	125996	gris	1915	Lagor 100512	Iarbas 82296
Poltrot	127292	gris-foncé	1915	Lyonnais 102760	Mouvette 49483
Polus	124637	gris	1915	Josué 88841	Molosse 103243
Polus	126238	noir	1915	Kontemporain 91579	Coquette 73345
Polus	126947	gris	1915	Jugal 85444	Irlande 80428
Polus	127290	noir	1915	Quinquina 68945	Margot 50660
Poly	125997	gris	1915	Lagor 100512	Kachette 92954
Polybe	126242	gris	1915	Kompotier 91549	Ingénieuse 93407
Polybe	127296	noir	1915	Quinquina 68945	Fusette 68378
Polyen	127300	noir	1915	Quinquina 68945	Goyette 97016
Polygonal	126003	noir	1915	Kontemporain 91579	Iliade 98168
Polygone	125447	gris	1915	Julien 87316	Sentinelle 55372
Pomard	124371	gris-foncé	1915	Korbeau 95023	Kracovie 92046
Pommard	126011	noir	1915	Lichen 103432	Irma 93269
Pommeau	126012	gris	1915	Lichen 103432	Gibelotte 73086
Pommier	124680	gris	1915	Illettré 81310	Manille 52969
Pommier	126013	gris	1915	Iowa 80989	Lissa 98777
Pommier	127742	noir	1915	Laguis 100589	Kramérie 96322
Pompadour	126951	noir	1915	Célibat 64968	Scola 56407
Pompéi	127303	gris-r.	1915	Krural 94866	Jonville 85301
Pompéien	126014	noir	1915	Juste 85878	Isolée 79141
Pompeux	126015	bai	1915	Juste 85878	Kalmie 95356
Pompier	124477	noir	1915	Lumineux 100865	Justice 84884
Pompier	126016	gris-clair	1915	Kontemporain 91579	Henrietta 75633
Pompier	126952	gris-foncé	1915	Lapereau 100259	Goélette 72791
Pompier	126970	gris-foncé	1915	Lalo 100197	Hista 97119

NOM	Nº	ROBE	Naissance	PÈRE	MÈRE
Pompier	127102	noir-zain	1915	Quinquina 68945	Géographie 72956
Pompon	124209	noir	1915	Larpent 99117	Jolie 85030
Pompon	125550	gris	1915	Lapsus 99303	Juive 83818
Pompon	126018	gris-clair	1915	Kontemporain 91579	Kautienne 89663
Pompon	126978	gris-foncé	1915	Jugal 85444	Rapide 68678
Pompon	128416	gris	1915	Lambin 104660	Ivette 87625
Pompon	128556	alezan	1915	Lambese 100524	Hardie 77564
Ponant	126020	gris	1915	Komitat 91759	Kraiona 91620
Ponantais	126027	noir	1915	Kalot 92507	Kuissière 91885
Ponceau	126026	gris	1915	Kontemporain 91579	Alerte 58037
Ponceux	126028	gris	1915	Kalot 92507	Lignerole 100065
Poncho	126029	gris	1915	Hiersac 76358	Krase 91395
Poncif	126030	noir-zain	1915	Hiersac 76358	Junte 86952
Ponctuel	126031	noir	1915	Iowa 80989	Fillette 63412
Pondéral	126032	gris	1915	Iowa 80989	Kolombe 93071
Pondichéry	124176	bai-cerise	1915	Fier-à-Bras 65250	Odette 55206
Pondoir	126033	gris-clair	1915	Iowa 80989	Julienne 88627
Poney	126034	gris	1915	Iowa 80989	Charmante 81569
Pongo	126035	gris	1915	Juvénal 83553	Lance 97874
Ponsard	127306	gris-foncé	1915	Languier 100640	Larve 97972
Ponsard	128774	gris	1915	Kommis 93104	Cocodette 69268
Pont	126036	noir	1915	Juvénal 83553	Idole 89966
Pont	126395	gris	1915	Iowa 80989	Kanne 93061
Pontarlier	125498	gris	1915	Klaustral 91061	Lichette 97982
Pontet	126037	noir-zain	1915	Iowa 80989	Bijou 61201
Pontiet	126038	gris	1915	Iowa 80989	Moselle 105521
Pontif	126811	noir	1915	Klairet 94682	Istérie 80337
Pontigny	124374	gris	1915	Long 99533	Joviale 88101
Pontil	126039	gris	1915	Iowa 80989	Klina 92773
Pontneuf	126040	gris	1915	Iowa 80989	Lasserie 101653
Ponton	126041	bai	1915	Iowa 80989	Kalette 92807
Pontuseau	126054	noir	1915	Kalot 92507	Coquette 49757
Popelin	127308	gris-foncé	1915	Jodelle 86049	Jubilaire 88316
Popilius	127312	gris-foncé	1915	Quinquina 68945	Lapone 104602
Populaire	126058	gris	1915	Guillaume-Tell 72926	Minerve 111289
Populeux	126060	noir	1915	Lauriétin 98638	Léonine 100720
Populo	124179	gris-foncé	1915	Kommis 93104	Paquerette 50146
Populo	126062	gris-clair	1915	Kimberley 92885	Faisante 53612
Porcelet	126067	gris-foncé	1915	Kommis 93104	Konspirée 92965
Porche	125259	gris	1915	Laboureur 104443	Chopine 64017
Pareux	124582	noir	1915	Labruly 99249	Corniche 64065
Porillon	125294	noir	1915	Josué 88841	Gera 53107
Porion	126069	gris-foncé	1915	Koriolan 92013	Rosette 68794
Pornic	126042	gris	1915	Logis 99269	Journée 84653
Pornic	127319	gris-foncé	1915	Jodelle 86049	Heurette 98389

NOM	N°	ROBE	Naissance	PÈRE	MÈRE
Poro	125039	gris	1915	Josué 88841	Moulette 105391
Porphyre	126071	gris foncé	1915	Kimberley 92885	Sariette 58569
Porreau	125562	noir-zain	1915	Jonas 84244	Immémorée 79782
Portail	125391	noir	1915	Isaac 78892	Hachette 76099
Portal	127320	noir	1915	Languier 100640	Souris 56357
Portalis	125715	gris	1915	Hareng 76925	Jauer 84987
Portalis	126043	gris	1915	Logis 99269	Ecrine 68481
Portalis	127318	noir	1915	Quinquina 68945	Gastille 104745
Portedrapeau	125246	gris	1915	Lagor 100512	Laveuse 97941
Porthos	125325	gris-foncé	1915	Laboureur 104443	Gourdine 70925
Portici	126044	gris	1915	Kalot 92507	Landaise 101733
Portici	126823	noir-zain	1915	Jaseur 89506	Camille 56770
Portillon	126076	noir	1915	Kommis 93104	Polka 61502
Porto	124444	gris	1915	Kroquet 91851	Margot 49587
Porto	125153	noir	1915	Juin 83623	Mousse 105535
Porto	126085	noir	1915	Kommis 93104	Jaseuse 85098
Portor	126088	noir	1915	Kommis 93104	Adélaïde 66186
Portorico	125478	noir	1915	Kousso 92683	Giblotte 65564
Portrait	126084	gris-clair	1915	Kommis 93104	Gentiane 69766
Portugais	125154	noir	1915	Juin 83623	Marchandise 105536
Portugal	125155	noir-zain	1915	Juin 83623	Louve 99764
Portugal	127321	gris-foncé	1915	Kagot 92240	La Fleur 67752
Portulan	126083	bai-brun	1915	Kaniveau 90726	Sorbonne 47893
Porus	127322	gris foncé	1915	Jodelle 86049	Flûte 56289
Posé	124258	gris	1915	Japon 84819	Kass 92715
Poseur	126081	gris	1915	Kommis 93104	Longrine 100440
Possesseur	126089	gris-clair	1915	Libéral 100349	Hiémation 75689
Possessif	126090	gris-r.	1915	Languier 100640	Identité 79702
Postal	124892	gris	1915	Lutécien 102720	Minette 41005
Postal	126091	gris	1915	Languier 100640	Michelle 67140
Postérieur	125482	gris	1915	Luth 99969	Mouvette 49684
Postériori	126094	gris-r.	1915	Kimberley 92885	Gauloise 70793
Postiche	125397	gris-foncé	1915	Lagor 100512	Officine 68414
Postiche	126093	noir	1915	Kommis 93104	Lambourde 100603
Postillon	124432	gris	1915	Ivan 84244	Lizia 49398
Postillon	124481	noir-zain	1915	Labruty 99249	Maque 105272
Postillon	126095	gris-r.	1915	Kimberley 92885	Rosette 48206
Postulant	125054	gris	1915	Julien 87316	Kapette 92723
Potache	125427	noir	1915	Labruty 99249	Italia 80925
Potager	126101	noir	1915	Lucumon 100857	Pensive 67452
Potamot	126099	noir	1915	Lucumon 100857	Mouche 54892
Potard	125084	noir	1915	Fier-à-Bras 65250	Kansarde 91096
Poteau	128399	noir	1915	Loquace 104466	Frivole 42990
Potentat	126108	gris-t.-cl.	1915	Kontemporain 91579	Meunière 46439
Potier	126112	noir	1915	Képi 91690	Javie 84809

NOM	N°	ROBE	Naissance	PÈRE	MÈRE
Potin	125158	noir	1915	Ivan 81244	Pipelette 68151
Potineur	124195	bai-zain	1915	Jallieu 86306	Kigellariée 91664
Potiron	124215	bai-chat.	1915	Koquelin 92226	Pâquerette 43831
Potiron	124648	gris	1915	Hanneton 75587	Kolick 91720
Potiron	126418	gris	1915	Kontemporain 91579	Kapsule 90778
Potocki	127327	noir	1915	Kagot 92240	Jina 98433
Potof	124790	gris-clair	1915	Lissoir 99476	Matelote 106111
Potomac	127328	gris-foncé	1915	Kagot 92240	Koquette 94996
Potorou	126120	gris clair	1915	Kalot 92507	Kynésie 90576
Potron	126122	gris	1915	Libéral 100349	Lajardière 100156
Pouchet	127333	gris-foncé	1915	Kagot 92240	Charmante 53667
Poudrin	126126	gris-foncé	1915	Kontemporain 91579	Lisette 58308
Pouf	126129	noir	1915	Kontemporain 91579	Justelle 88377
Pouff	124218	gris	1915	Larpent 99117	Finette 65403
Pouillard	126131	noir	1915	Lapereau 100259	Labiche 97743
Pouilliot	126132	bai-chat.	1915	Lapereau 100259	Lunure 101109
Pouilly	127330	noir-zain	1915	Kagot 92240	Lettrine 104141
Poulet	124237	gris	1915	Lambris 97845	Corneille 67180
Poulet	126134	bai-foncé	1915	Lods 100359	Gravelotte 98165
Pouliguen	125228	gris-fer	1915	Loris 100377	Ianotte 98071
Pouliot	126136	noir	1915	Guignolet 70023	Lanoire 99538
Poulo	127334	gris-foncé	1915	Kagot 92240	Imoda 93454
Poulot	124406	gris	1915	Laboureur 104443	Ligature 100055
Poulot	125284	gris	1915	Célibat 64968	Grisette 98606
Poulot	125450	gris-foncé	1915	Lissoir 99476	Guigne 71355
Poulot	126137	gris	1915	Kontemporain 91579	Fauvette 67238
Poum	124211	gris	1915	Larpent 99117	Coquette 50344
Poumon	126142	gris-clair	1915	Jean-qui-rit 88772	Lamelle 104580
Poupet	125806	noir	1915	Jonas 84244	Lecture 99681
Poupin	126143	noir	1915	Lapereau 100259	Sirène 55406
Poupon	124313	gris	1915	Képi 91690	Lacure 101670
Poupon	124478	gris-foncé	1915	Lumineux 100865	Gilaulée 71469
Poupon	126144	gris-clair	1915	Guignolet 70023	Komplainte 91541
Poupon	127003	noir	1915	Lamark 100517	Coquette 78541
Pourceau	126147	gris	1915	Kontemporain 91579	Hurluberlue 77168
Pourchas	126150	noir	1915	Kontemporain 91579	Mascarade 68831
Pourpoint	126152	gris-foncé	1915	Juvénal 83553	Kafrerie 90873
Pourprin	126153	gris clair	1915	Juvénal 83553	Coquette 42082
Pourquoi	124191	gris-fer	1915	Juin 83623	Lyrique 98960
Pourvoi	126155	noir	1915	Kontemporain 91579	Basilide 64431
Pourvu	124943	gris	1915	Laboureur 104443	Limonade 62030
Pouspous	124921	noir	1915	Laboureur 104443	Hindoustande 76747
Poussah	126158	gris	1915	Kalot 92507	Juvénile 85407
Pousset	125243	gris	1915	Lasso 103951	Lège 98031
Pousseur	126159	noir	1915	Kalot 92507	Locomobile 102845

NOM	N°	ROBE	Naissance	PÈRE	MÈRE
Poussier	126162	noir	1915	Kalot 92507	Julie 84674
Poussin	124194	noir	1915	Kalino 91693	Anisette 55908
Poussin	126164	g. c. d. m.	1915	Kruor 91865	Paquerette 52013
Poussin	127332	bai-f.-z.	1915	Kagot 92240	Lécluse 103701
Poussoir	126165	noir	1915	Kontemporain 91579	Charlotte 74982
Poutron	125102	noir-zain	1915	Fier-à-Bras 65250	Insoluble 79225
Pouvoir	126168	noir	1915	Juvénal 83553	Laite 101694
Pouvray	124922	gris	1915	Ivan 81244	Kriquette 89867
Poyet	127337	gris-foncé	1915	Lysias 103555	Hélice 93445
Pozini	124788	gris-foncé	1915	Lissoir 99476	Consigne 62749
Pozzi	125444	noir	1915	Koquelin 92226	Koraline 91609
Pradier	127340	gris-foncé	1915	Lysias 103555	Garlotte 98378
Prado	124875	gris	1915	Japon 84819	Castille 49842
Pradon	127341	gris-foncé	1915	Lysias 103555	Gonesse 72098
Prainville	125586	noir	1915	Ligament 99342	Henrietta 73777
Prairial	126169	noir	1915	Jugal 85444	Katalogne 91952
Praslin	125370	noir	1915	Jasmin 83835	Mandrine 108180
Praslin	127347	noir	1915	Lysias 103555	Koquinerie 95007
Prat	124948	gris-foncé	1915	Komitat 91759	Carlotta 37219
Praticien	126171	noir	1915	Kontemporain 91579	Kosse 91300
Praticien	126793	gris-noir	1915	Jaseur 89506	Livette 102473
Pré	125664	noir	1915	Lansquenet 99293	Komplète 93124
Préachat	126174	noir	1915	Juvénal 83553	Kaprice 90776
Préau	126176	gris	1915	Laceron 98868	Immanente 82247
Préaux	124252	noir	1915	Koquelin 92226	Igue 90172
Préaux	124954	gris	1915	Jean-Jack 85863	Palmette 67187
Préavis	126179	gris-foncé	1915	Juvénal 83553	Véronique 98159
Précédent	126180	gris-clair	1915	Kalot 92507	Latrine 100034
Précepteur	126181	gris clair	1915	Libéral 100349	Poulette 98076
Préceptorat	126184	noir	1915	Kontemporain 91579	Poulette 57807
Prêchi	126188	noir	1915	Guignolet 70023	Matinale 109872
Précieux	126192	gris-foncé	1915	Kalot 92507	Métayère 57745
Précieux	126782	gris	1915	Lambesc 100524	Capucine 62397
Préciput	126193	gris	1915	Guignolet 70023	Hexandrie 75687
Précis	126194	noir	1915	Guignolet 70023	Intransigeante 80134
Précoce	125433	gris-foncé	1915	Laboureur 104443	Lucette 43982
Précordial	126195	gris-clair	1915	Guignolet 70023	Edwige 60267
Précurseur	125106	noir	1915	Lambris 97845	Lacette 99062
Préfet	125066	noir	1915	Julien 87316	Jouiza 85925
Préfet	126204	gris clair	1915	Kaniveau 90726	Koque 93640
Préfet	128607	gris-t.-f.	1915	Kaduc 95523	Magie 111162
Prélart	126206	noir	1915	Karolus 93008	Loge 99516
Prélat	126207	gris-foncé	1915	Karolus 93008	Latérale 101778
Prélat	126788	noir	1915	Jaseur 89506	Kadette 94835
Prélegs	126208	noir	1915	Karolus 93008	Kôme 91978

NOM	N°	ROBE	Naissance	PÈRE	MÈRE
Premier	126212	gris	1915	Komitat 91759	Junon 85296
Prémontré	126213	noir-zain	1915	Komitat 91759	Jacqueline 86073
Prenat	125528	gris	1915	Jonas 84244	Linette 99824
Preneur	126215	gris-foncé	1915	Komitat 91759	Gazelle 46530
Prénom	126218	gris	1915	Kalot 92507	Henré 74017
Préposé	125287	bai-chât.	1915	Languier 100640	Alcide 64309
Préposé	126220	gris-t.-f.	1915	Lapereau 100259	Longitude 103261
Prépositif	126221	noir	1915	Lapereau 100259	Kamala 97678
Présalé	126222	alezan-b.	1915	Kruer 91865	Kardonnette 90822
Prescient	126226	gris	1915	Képi 91690	Kapuce 90780
Présent	126227	gris	1915	Képi 91690	Lamirette 98884
Président	125058	gris	1915	Julien 87316	Gaufre 71402
Président	126230	gris foncé	1915	Hiersac 76358	Claudine 47848
Présidial	126233	noir-zain	1915	Lucumon 100857	Margot 61308
Presidio	127354	bai-foncé	1915	Impérator 83461	Klématite 94969
Pressant	126528	noir	1915	Juste 85878	Kolombine 94078
Pressis	126529	noir	1915	Lyonnais 102760	Klairette 94954
Pressoir	126530	gris-foncé	1915	Lyonnais 102760	Joyeuse 88314
Pressureur	126531	noir	1915	Lapereau 100259	Glacière 69795
Prestant	126532	noir	1915	Lapereau 100259	Kystotome 95068
Prestigieux	126247	gris-clair	1915	Jean-qui-rit 88772	Isernore 81284
Prestissimo	126250	gris	1915	Lacuneux 100158	Habile 75852
Presto	126248	gris	1915	Jean-qui-rit 88772	Karaque 90795
Prestolet	126251	gris	1915	Japon 84819	Paquerette 59358
Preston	127360	gris-clair	1915	Lysias 103555	Lidie 68408
Présurier	126252	noir	1915	Illettré 81310	Kasrolle 92774
Prêt	125461	gris-vin.	1915	Lutécien 102720	Lamproie 97862
Prêt	126255	gris	1915	Képi 91690	Justine 64020
Prétendant	126257	bai-brun	1915	Képi 91690	Herne 78485
Prétendu	126258	noir	1915	Illettré 81310	Spolette 66963
Prétentieux	126259	noir	1915	Illettré 81310	Kriouse 95178
Prétérit	126260	noir	1915	Lambris 97845	Cocotte 59203
Préteur	126261	bai	1915	Kepi 91690	Juine 86575
Prétorial	126267	noir	1915	Kepi 91690	Guegette 69980
Preux	126275	gris	1915	Lucumon 100857	Kataracte 91187
Préval	126348	gris-t.-cl.	1915	Guignolet 70023	Godette 69535
Prévenu	126276	noir	1915	Lucumon 100857	Isolation 81353
Prévost	127356	noir	1915	Impérator 83461	Kastine 94905
Prévôt	124205	noir	1915	Képi 91690	Bibie 58232
Prévôt	124960	gris	1915	Jean qui rit 88792	Pelotte 49707
Prévôt	126277	noir	1915	Fier-à-Bras 65250	Rosette 50349
Prévôt	127064	noir	1915	Hontain 73993	Grillette 71894
Prévôtal	126278	gris	1915	Kontemporain 91579	Taupine 60459
Prévoyant	126279	gris	1915	Fier à Bras 65250	Katanche 91188
Prévu	126280	gris	1915	Kalot 92507	Salomme 67002

NOM	N°	ROBE	Naissance	PÈRE	MÈRE
Priam	127359	gris-clair	1915	Klaustral 91061	Barbe 63958
Prieur	126281	gris	1915	Libéral 100349	Largue 100663
Prieur	127361	noir	1915	Lysias 103555	Grenadine 49751
Prieuré	124378	noir-zain	1915	Lapereau 100259	Isabelle 98267
Prieuré	124923	gris	1915	Jean-qui-rit 88772	Longlée 103350
Prieuré	125263	gris-t.-f.	1915	Josué 88841	Mousse 52431
Prieuré	126287	gris	1915	Kontemporain 91579	Menue 106384
Prieuré	127052	gris-fer-f.	1915	Lion 100756	Ingrie 79337
Prilep	126852	gris	1915	Jean-qui-rit 88772	Kulasse 95299
Prilep	127439	gris-foncé	1915	Kap 92876	Hémine 78078
Primat	126288	gris	1915	Kontemporain 91579	Cocotte 50026
Primicier	126289	gris	1915	Labruty 99249	Katine 92689
Primidi	126290	noir	1915	Iowa 80989	Lippe 104644
Primitif	126292	gris	1915	Lauriétin 98638	Historiette 77101
Primo	125425	gris	1915	Lutécien 102720	Mouvette 98178
Primo	126293	noir	1915	Képi 91690	Poulette 55279
Primordial	126294	gris	1915	Képi 91690	Ire 81335
Prince	126253	gris	1915	Japon 84819	Castille 54297
Prince	127363	gris-foncé	1915	Loch 98957	Hatelaine 76276
Prince-Charmant	125999	gris	1915	Lauriétin 98638	Hermine 52329
Princeps	126296	noir	1915	Lambris 97845	Charlotte 47321
Princier	126298	noir	1915	Kalot 92507	Rosette 54138
Principal	126300	gris	1915	Jean-qui-rit 88772	Germaine 98054
Principal	126541	gris	1915	Kagot 92240	Charmante 47871
Principalat	126302	gris	1915	Kalot 92507	Laverie 100696
Principat	126306	noir	1915	Kalot 92507	Candie 98146
Principe	124683	noir	1915	Long 99533	Isabeau 82319
Principe	126800	noir-zain	1915	Kruchon 93701	Kilia 97708
Printanier	126796	noir	1915	Huron 77627	Kirielle 94433
Printemps	125423	gris-foncé	1915	Lutécien 102720	Hotesse 75500
Prior	127365	noir-zain	1915	Lysias 103555	Jaure 88455
Priorat	126312	noir	1915	Kalot 92507	Héminée 77095
Pripet	127367	noir	1915	Lysias 103555	Galande 70261
Priscien	127368	noir	1915	Lysias 103555	Joliette 88671
Priscus	127372	gris-clair	1915	Lysias 103555	Korrallie 95013
Priseur	126320	gris	1915	Languier 100640	Cévenne 58655
Prisme	126321	gris	1915	Kalot 92507	Judée 84118
Prispet	125217	noir	1915	Josué 88841	Idalie 80919
Privas	127376	gris-foncé	1915	Krural 91866	Kalamita 91648
Prix	126323	gris	1915	Jugal 85444	Kameline 92522
Probe	126325	gris	1915	Jugal 85444	Gambade 69562
Problème	126324	noir	1915	Jugal 85444	Bécasse 52868
Probus	127377	noir	1915	Kourlis 95894	Incision 82100
Procas	127379	gris-t.-f.	1915	Instar 78857	Pascaline 60020
Procédé	126326	noir	1915	Kontemporain 91579	Lainière 106175

NOM	N°	ROBE	Naissance	PÈRE	MÈRE
Processus	126330	gris	1915	Kontemporain 91579	Brunette 55891
Prochain	124893	gris	1915	Lutécien 102720	Limaille 98654
Prochain	126332	noir	1915	Kontemporain 91579	Janie 85733
Procureur	125233	gris	1915	Loris 100377	Justice 85986
Procureur	126335	noir	1915	Kalot 92507	Kélat 91454
Procyon	127381	bai-foncé	1915	Instar 78857	Jeurre 88578
Prodigue	125501	noir	1915	Klaustral 91061	Korneille 91832
Prodigue	126338	gris	1915	Libéral 100349	Konstance 91997
Prodigue	126790	gris	1915	Indécis 83374	Gavotte 72507
Produit	126340	gris	1915	Kontemporain 91579	Jubine 48144
Professeur	126342	gris	1915	Kontemporain 91579	Vaillante 56887
Professeur	126804	gris-noir	1915	Guignolet 70023	Bicyclette 60611
Profil	126343	noir-zain	1915	Kontemporain 91579	Korrida 91288
Profit	126344	noir	1915	Juvénal 83583	Follette 55163
Programme	125145	noir-zain	1915	Japon 84819	Kolonie 93926
Progrès	125186	gris	1915	Logis 99269	Risette 58715
Progrès	126350	gris	1915	Guignolet 70023	Kollette 92693
Progressiste	126351	gris	1915	Kalot 92507	Honorée 73954
Prohibé	126354	gris	1915	Kalot 92507	Lucarne 99927
Projectile	126356	gris	1915	Lapereau 100259	Grive 90219
Projet	124308	gris	1915	Labruty 99249	Influence 80599
Projet	126357	gris	1915	Kontemporain 91579	Lure 101328
Prolétaire	126360	gris	1915	Kontemporain 91579	Glume 71124
Prolétariat	126362	gris	1915	Jugal 85444	Pauline 57479
Prolifère	124617	noir	1915	Loris 100377	Juniville 85857
Prolixe	126364	gris	1915	Komitat 91759	Hélène 75522
Promé	127382	gris-foncé	1915	Instar 78857	Lajonquière 104708
Promeneur	126367	noir	1915	Lacmeux 100158	Henriette 81721
Promenoir	126374	gris	1915	Iowa 80989	Kognasse 92625
Prompt	125237	noir	1915	Lasso 103951	Glossite 69481
Pronaos	126825	noir	1915	Kidney 96741	Hordeine 75772
Pronateur	126826	noir	1915	Loiret 103444	Galsainthe 93538
Prôneuset	126379	gris-foncé	1915	Iowa 80989	Herpe 78067
Pronostic	126380	noir	1915	Iowa 80989	Lausanne 97787
Prony	127383	gris-foncé	1915	Instar 78857	Iquique 81835
Propane	126381	noir	1915	Iowa 80989	Kalmie 92467
Prophète	126383	gris	1915	Iowa 80989	Pimpante 61252
Propolis	126386	noir	1915	Iowa 80989	Margot 54113
Propos	125072	gris-foncé	1915	Logis 99269	Civette 56222
Propos	126388	noir	1915	Iowa 80989	Kontadine 93601
Propre	125258	gris-foncé	1915	Lori 102083	Lice 98002
Propret	126391	noir	1915	Iowa 80989	Kontrebasse 91244
Propréteur	126393	noir	1915	Iowa 80989	Juvenlia 86209
Proprio	124677	noir	1915	Lapereau 100259	Lice 100765
Proprio	125507	gris	1915	Ivan 81244	Belza 51414

NOM	N°	ROBE	Naissance	PÈRE	MÈRE
Propulseur	126397	noir	1915	Iowa 80989	Ligue 98752
Propulsif	126399	noir zain	1915	Iowa 80989	Kontrite 90249
Proquesteur	126401	noir	1915	Iowa 80989	Brebis 75094
Prorata	126402	noir	1915	Kapuly 92818	Jolie 86595
Prosateur	125477	gris-foncé	1915	Logis 99269	Ketmie 90649
Prosateur	126403	gris	1915	Kaniveau 90726	Brillante 62195
Proscrit	126405	gris	1915	Karolus 93008	Immergée 81396
Prosecteur	126407	noir	1915	Juvénal 83553	Rustique 54283
Prosimien	126408	noir	1915	Kapuly 92818	Gazeuse 71558
Prospect	126412	noir	1915	Kaleul 92482	Herbière 78053
Prostré	126416	gris-clair	1915	Juvénal 83553	Lucrèce 98820
Protais	127384	gris-foncé	1915	Instar 78857	Fauchette 54086
Protargol	126420	noir	1915	Lesca 101340	Malaise 105468
Protectorat	126422	noir	1915	Kaleul 92482	Lure 98825
Protée	126424	noir	1915	Kapuly 92818	Mandarine 64437
Protégé	126426	gris	1915	Iowa 80989	Herminette 75620
Protégéet	126423	gris	1915	Karolus 93008	Kajolerie 90543
Protèle	126430	gris	1915	Iowa 80989	Irvine 81142
Protésilas	127386	noir	1915	Kourlis 95894	Lure 103552
Protêt	126427	noir	1915	Iowa 80989	Konfiance 93562
Prothée	125624	gris-foncé	1915	Koucou 91328	Laborde 100923
Prothorax	126428	noir	1915	Iowa 80989	Jonchères 86314
Protocole	125460	noir	1915	Jean-Jack 85863	Charmante 50788
Protocole	126431	noir	1915	Iowa 80989	Lamérie 98726
Protoplasma	125491	noir	1915	Loris 100377	Gavotte 98104
Prototype	126432	gris	1915	Iowa 80989	Konfusion 93574
Protoxyde	126434	gris	1915	Juvénal 83553	Horde 78049
Protubérant	126435	noir	1915	Karolus 93008	Isle 81153
Protuteur	126437	gris	1915	Kroquet 91851	Coquette 98135
Prou	126438	gris	1915	Kruor 91865	Histoire 78054
Proudhon	127389	gris-foncé	1915	Instar 78857	Huisserie 75794
Proust	127390	gris-foncé	1915	Instar 78857	Iodée 81073
Provençal	124446	gris	1915	Lambris 97845	Intention 78749
Provençal	126439	noir-zain	1915	Kruor 91865	Herbette 77762
Proverbial	126442	gris-clair	1915	Hiersac 76358	Rigolette 73428
Provin	126443	gris	1915	Juvénal 83553	Harpie 76434
Provisorat	126451	gris	1915	Juvénal 83553	Gloriette 73185
Provocant	126452	noir	1915	Juvénal 83553	Maintenue 105462
Prudent	125567	gris	1915	Jonas 84244	Maronite 108064
Prudent	126454	gris-foncé	1915	Kruor 91865	Margot 78423
Prudhomme	126457	gris	1915	Hiersac 76358	Koquine 94826
Prulay	127822	gris-r.	1915	Livarot 100341	Jacquette 84559
Pruneau	124447	noir	1915	Kommis 93104	Hirondelle 59366
Prunean	124507	noir	1915	Lambris 97845	Kourtilière 91359
Pruneau	126458	noir	1915	Iowa 80989	Herbette 77781

NOM	N°	ROBE	Naissance	PÈRE	MÈRE
Prunellier	126460	noir	1915	Iowa 80989	Laplume 101543
Prunier	126461	gris	1915	Iowa 80989	Hermine 78166
Prurigo	126462	gris	1915	Iowa 80989	Marquise 61051
Prurit	126464	noir	1915	Iowa 80989	Joyeuseté 86260
Prusco	124480	noir	1915	Labruty 99249	Lobuleuse 104654
Prusias	127394	gris-foncé	1915	Idomen 83507	Léonine 104112
Pruth	125137	noir	1915	Japon 84819	Goguette 70943
Przémysl	124185	noir	1915	Jallieu 86306	Herminie 74523
Pseudo	126471	noir	1915	Iowa 80989	Limagne 98761
Psitt	126478	noir-zain	1915	Kroquet 91851	Heljou 76521
Psoas	126476	noir-zain	1915	Kalcul 92482	Iliade 81198
Psoriasis	126479	noir	1915	Komitat 91759	Intruse 79548
Ptéro	126483	noir	1915	Iowa 80989	Lisa 57503
Pubien	126484	noir-zain	1915	Kruor 91865	Importante 82315
Pubis	126485	gris	1915	Karolus 93008	Jupe 88473
Public	125128	gris-foncé	1915	Japon 84819	Jattée 85105
Public	126486	bai-brun	1915	Kaniveau 90726	Manille 61704
Publicain	126491	gris	1915	Iowa 80989	Gagnante 70621
Publius	127396	noir	1915	Lamantin 103615	Homélie 78293
Puceron	126493	noir	1915	Kaniveau 90726	Modalité 106863
Pucheux	126495	noir	1915	Guignolet 70023	Soumise 60539
Pudding	126496	bai	1915	Guignolet 70023	Hanche 78103
Puddler	126497	gris	1915	Guignolet 70023	Lame 98857
Pudibond	126498	noir	1915	Lanier 101743	Kalendre 90633
Puech	127404	gris-clair	1915	Idomen 83507	Léontine 104116
Puéril	126500	noir	1915	Iowa 80989	Jaille 86298
Puerto	127405	gris-foncé	1915	Lamantin 103615	Montagne 110664
Puff	126505	noir	1915	Kargo 92913	Hirène 78276
Puget	125374	gris	1915	Kimberley 92885	Jézabel 83741
Puget	126024	gris	1915	Lanier 101743	Katchar 95065
Puget	127399	noir	1915	Idomen 83507	Monomanie 110659
Pugilat	125208	gris	1915	Laboureur 104443	Coquette 98096
Pugilat	126510	gris-foncé	1915	Kalcul 92482	Martine 107293
Puicarré	125230	noir	1915	Juin 83623	Jouvence 86006
Puisard	125241	bai-chât.	1915	Lutécien 102720	Madalinde 51809
Puisard	126511	noir	1915	Kalcul 92482	Rosine 50750
Puisatier	126512	noir	1915	Kalcul 92482	Isabelle 81760
Puiseux	127403	noir	1915	Idomen 83507	Isocèle 98419
Puisoir	126515	noir-zain	1915	Iowa 80989	Kopieuse 91259
Puits	125770	gris	1915	Lucumon 100857	Cyrène 65330
Puits	126517	noir	1915	Kalcul 92482	Irène 98592
Pulvérin	126843	noir	1915	Laceron 98868	Pacpoule 63471
Puma	126850	gris	1915	Jean-qui-rit 88772	Gazon 50616
Pumicin	126853	gris-foncé	1915	Célibat 64968	Margot 73412
Punch	126855	gris	1915	Jodelle 86049	Consigne 50683

NOM	N°	ROBE	Naissance	PÈRE	MÈRE
Pupazzo	126860	gris	1915	Lods 100359	Lisette 61347
Pupille	128608	noir	1915	Karapath 97283	Moulin 111205
Pureau	126862	gris	1915	Célibat 64968	Coquette 44222
Purgeoir	126863	gris	1915	Célibat 64968	Mélia 109391
Purgon	127406	gris-foncé	1915	Irradié 83254	Janina 88734
Puritain	126873	noir-zain	1915	Lods 100359	Gracieuse 71837
Puritain	127407	noir	1915	Lamantin 103615	Galante 64502
Purot	126874	gris	1915	Guignolet 70023	Ista 97060
Purpura	126876	gris	1915	Jean-qui-rit 88772	Aubade 59858
Pusey	127409	noir	1915	Lamantin 103615	Blasie 63225
Putier	126880	noir	1915	Lapereau 100259	Herbicole 77040
Putiphar	127410	gris-foncé	1915	Irradié 83254	Kief 96146
Putnich	125188	gris-foncé	1915	Laboureur 104443	Mielleuse 107228
Putois	126885	gris	1915	Jean-qui-rit 88772	Idéale 82281
Puvis	127413	gris-foncé	1915	Lamantin 103615	Grenade 97720
Puy	127414	noir	1915	Lamantin 103615	Kaboche 90446
Pyat	127415	gris-foncé	1915	Lamantin 103615	Junon 84467
Pygmalion	127417	noir	1915	Lamantin 103615	Bichette 75214
Pygmée	125611	bai-foncé	1915	Koucou 91328	Lilie 68594
Pylos	127418	gris-foncé	1915	Lamantin 103615	Kale 95491
Pyram	124795	bai-ch.-z.	1915	Jallieu 86306	Icajine 80826
Pyrame	127420	noir	1915	Kahestan 94208	Emilienne 93516
Pyramidon	124794	noir	1915	Jallieu 86306	Mazeppa 105957
Pyramus	127421	gris-foncé	1915	Lamantin 103615	Karmante 97650
Pyrgos	127422	gris-foncé	1915	Lamantin 103615	Kamala 95357
Pyrmont	127423	noir	1915	Lamantin 103615	Joyeuse 86926
Pyrogène	125459	gris	1915	Japon 84819	Labiée 97891
Pyrrhon	127424	gris-clair	1915	Lamantin 103615	Gigolette 78521
Pyrrhus	127016	gris-foncé	1915	Kerabin 95167	Margot 61382
Pyrrhus	127425	gris-foncé	1915	Lamantin 103615	Finette 84539
Pyrrhus	127451	noir	1915	Jaseur 89506	Poule 61972
Pythagore	125583	noir	1915	Lumineux 100865	Larche 100901
Pythagore	127426	noir	1915	Lamantin 103615	Breloque 63185
Pythéas	127427	gris-foncé	1915	Lamantin 103615	Kéroualine 96177
Pythias	126604	noir	1915	Lamantin 103615	Labiée 102063
Pythien	126896	gris bleu	1915	Ivan 81244	Georgette 71506
Python	125651	noir	1915	Lumineux 100865	Israélite 79077
Python	126895	gris-foncé	1915	Jean-qui-rit 88772	Mouvette 56482

STUD-BOOK PERCHERON

JUMENTS

STUD-BOOK PERCHERON

JUMENTS

NOM	N°	ROBE	Naissance	PÈRE	MÈRE
Pacane	124246	noire	1915	Illettré 81310	Héglon 76672
Pacane	127616	gris-foncé	1915	Impérator 83461	Pâquerette 44004
Pacaudière	126892	noire	1915	Lapereau 100259	Jaen 86077
Pacca	125399	noire	1915	Isaac 78892	Limousine 101420
Pache	124831	gris-foncé	1915	Lutécien 102720	Fantasia 63538
Pachuca	126893	grise	1915	Ivan 81244	Junon 87966
Pacifique	125413	gris-t.-f.	1915	Laboureur 104443	Indécision 79162
Pacifique	125547	noire	1915	Lapsus 99303	Kolivine 90350
Pacifique	126919	gris-foncé	1915	Lagor 100512	Hameçonnée 75363
Pacotille	124178	noire	1915	Fier-à-Bras 65250	Kasseuse 90593
Pacotille	127584	grise	1915	Importun 80576	Lignette 104245
Pacotille	127617	grise	1915	Livarot 100341	Hestia 84479
Pacotille	128653	noir-m.-t.	1915	Kaisson 97384	Glaneuse 73235
Pactole	124603	noir-zain	1915	Labruty 99249	Intervalle 78912
Pactole	126894	gris-foncé	1915	Lanier 101743	Galante 84281
Padilla	124167	grise	1915	Lanier 101743	Liernaise 103271
Padilla	125408	gris foncé	1915	Luth 99969	Génératrice 69694
Padoke	125510	grise	1915	Lagor 100512	Melbourne 51421
Padouane	127583	noire	1915	Importun 80576	Banquise 64227
Padoue	125414	grise	1915	Lescapé 99343	Gondole 71012
Padoue	126898	bai-mar.	1915	Lanier 101743	Gigolette 72790
Paduletta	126616	gris-foncé	1915	Lamantin 103615	Montante 110548
Paffe	125150	grise	1915	Jean-Jack 85863	Cocotte 47910
Pagaie	124251	noire	1915	Koquelin 92226	Lambine 99047
Pagaie	127555	grise	1915	Klocher 98657	Lady 104305

NOM	N°	ROBE	Naissance	PÈRE	MÈRE
Pagaïe	127618	gris-vin.	1915	Kourlis 95894	Majorque 107112
Pagale	124254	grise	1915	Limon 99810	Marcotte 108018
Pagale	127619	bai-brun	1915	Kourlis 95894	Julia 84620
Pagayeuse	127622	gris-foncé	1915	Instar 78857	Haye 75810
Page	125949	grise	1915	Képi 91690	Hougue 98154
Page	127624	gris-foncé	1915	Douvreur-ex-Couvreur 58335	Mamers 110622
Pagerie	125974	noire	1915	Lichas 98731	Kontrebande 93617
Pagerie	126619	bai-t.-f.	1915	Heaume 75604	Biche 74997
Pagerie	127813	grise	1915	Luron 97902	Rose 43320
Pagination	127628	grise	1915	Livarot 100341	Isle 83047
Pagne	127570	grise	1915	Juliopolis 86716	Joyeuse 93527
Pagny	126621	gris-foncé	1915	Jodelle 86049	Lutèce 101342
Pagode	124199	noire	1915	Koquelin 92226	Hippocrène 75660
Pagode	124261	noire	1915	Koquelin 92226	Gavotte 75067
Pagode	124353	grise	1915	Languier 100640	Margot 58273
Pagode	126959	bai-brun	1915	Komitat 91759	Biche 49404
Pagode	127612	noire	1915	Klocher 95657	Gazelle 72879
Pagode	127629	grise	1915	Kourlis 95894	Impériale 81910
Pagode	128690	gris-foncé	1915	Kamouflet 97424	Kamérière 97421
Pagolle	126623	noire	1915	Heaume 75604	Lisette 49742
Paie	124262	grise	1915	Koquelin 92226	Kustine 91644
Païenne	127592	gris-clair	1915	Klocher 95657	Jahel 88719
Païenne	127632	grise	1915	Douvreur-ex-Couvreur 58335	Pelote 48040
Pailem	125465	grise	1915	Lutécien 102720	Matraque 55954
Paillarde	126918	noire	1915	Lorientais 103276	Lisa 78553
Paillarde	127591	gris-clair	1915	Eilily-ex-Goulet 61838	Cochenille 67964
Paillarde	127634	noire	1915	Impérator 83461	Biche 50718
Paillardière	126305	grise	1915	Illettré 81310	Kapitule 90764
Paillasse	124265	noire	1915	Juvénal 83553	Idiome 81472
Paillasse	126905	gris-foncé	1915	Huitain 73993	Korbière 92004
Paillasse	127637	grise	1915	Instar 78857	Brillante 68205
Paille	124269	grise	1915	Kontemporain 91579	Grive 50692
Paille	127639	grise	1915	Douvreur-ex-Couvreur 58335	Harpie 76880
Paille	128635	gris-foncé	1915	Kamouflet 97424	Jérémie 89570
Paillée	127641	grise	1915	Latin 100016	Rosette 50034
Paillerote	128198	gris-vin.	1915	Importun 80576	Kilmanie 96204
Paillette	124272	grise	1915	Lucumon 100857	Judith 84054
Paillette	128771	noire	1915	Kerdrain 95437	Harmonieuse 77944
Paillière	125601	noire	1915	Ligament 99342	Margoline 60223
Paillole	126626	gris-foncé	1915	Joliet 89140	Mésestime 110454
Paillole	127646	noire	1915	Impérator 83461	Khadidja 96392
Paillote	124280	noire	1915	Kalot 92507	Mainte 107587
Paillote	127647	noire	1915	Douvreur-ex-Couvreur 58335	Koncordance 97562
Paine	126902	grise	1915	Lanier 101743	Kainotomia 95248
Paire	127648	grise	1915	Latin 100016	Brillante 64556

NOM	N°	ROBE	Naissance	PÈRE	MÈRE
Pairesse	127553	gris-foncé	1915	Klocher 95657	Jambette 88737
Pairesse	127549	grise	1915	Latin 100016	Justinienne 87503
Pairesse	128648	grise	1915	Kaisson 97384	Katalpa 96716
Pairie	127554	noire	1915	Klocher 95657	Halte 76103
Pairie	127650	grise	1915	Isaac 78892	Idéologie 81869
Paissance	127651	grise	1915	Isaac 78892	Poreuse 69023
Paix	124281	grise	1915	Kalot 92507	Hysope 73888
Palabre	124282	grise	1915	Jean-qui-rit 88772	Hydrologie 73898
Palabre	125375	grise	1915	Languier 100640	Lala 97986
Palabre	126590	gris-cl.-a.	1915	Klocher 95657	Galantine 98512
Palabre	127652	noire	1915	Limonadier 101461	Justice 98312
Palabre	128637	noir-m.-t.	1915	Languedoc 104423	Citadine 68954
Palade	128709	gris-foncé	1915	Lazarre 104493	Mélanose 104913
Palaja	126628	noire	1915	Heaume 75604	Kaïnite 92415
Palalda	126629	gris-foncé	1915	Lagor 100512	Mâtine 63485
Palanche	126591	grise	1915	Klocher 95657	Léchefrite 104303
Palanche	127653	noire	1915	Limonadier 101461	Rosette 84477
Palancre	127654	grise	1915	Limonadier 101461	Labiée 102537
Palanque	127550	bai-foncé	1915	Huguenot 74507	Kérosolène 96080
Palanque	127656	bai-brun	1915	Latin 100016	Mangue 110237
Palante	126635	bai-foncé	1915	Kongo 91996	Coquine 54868
Palantine	126636	noire	1915	Kongo 91996	Molardise 106055
Palasca	126637	noire	1915	Kongo 91996	Biche 49562
Palatale	124300	grise	1915	Képi 91690	Kastagnette 92775
Palatale	127658	grise	1915	Latin 100016	Maudisette 57532
Palatiale	127660	gris-foncé	1915	Lieuvin 103348	Locution 102583
Palatine	124288	grise	1915	Lambris 97845	Kassine 92191
Palatine	124679	gris-noir	1915	Ivan 81244	Héliotrope 98070
Palatine	125409	gris-foncé	1915	Liguori 103360	Tranquille 50792
Palatine	126612	gris-cl.-r.	1915	Idomen 83507	Jaquette 88925
Palatine	126908	noire	1915	Lagor 100512	Lampée 103321
Palatine	127661	gris-clair	1915	Lieuvin 103348	Idole 82888
Palatine	128640	gris-foncé	1915	Languedoc 104423	Kapuche 97483
Pale	127662	noire	1915	Lieuvin 103348	Kamule 92809
Palée	127663	noire	1915	Limonadier 101461	Ignition 82896
Palencia	125422	grise	1915	Lutécien 102720	Largesse 97075
Palencia	126909	noire	1915	Lagor 100512	Gilberte 72000
Palenne	124696	noire	1915	Languier 100640	Habenne 76070
Palerme	125404	bai-chât.	1915	Ivan 81244	Jesthine 85937
Palerme	125669	gris-cl.-v.	1915	Lanier 99292	Kaoline 90498
Palerme	126525	gris-foncé	1915	Lieuvin 103348	Kold 89727
Palerme	126609	gris-foncé	1915	Importun 80576	Kincardine 96206
Palerme	126920	gris-c.d.m	1915	Lagor 100512	Pouponnière 47862
Palès	126924	noire	1915	Lapereau 100259	Rose 47869
Palestine	124296	gris-vin.	1915	Kimberley 92885	Hémisine 73496

NOM	N°	ROBE	Naissance	PÈRE	MÈRE
Palestine	125362	grise	1915	Fier-à-Bras 65250	Lance 103964
Palestine	125412	gris-foncé	1915	Labruty 99249	Laraie 98688
Palestine	126524	noire	1915	Lieuvin 103348	Mate 109853
Palestine	126613	grise	1915	Jorxey 89256	Kabylienne 96053
Palestine	126922	noire	1915	Jugal 85444	Faribole 56581
Palestine	127665	gris-foncé	1915	Latin 100016	Kalidaça 92289
Palestine	128745	gris-foncé	1915	Barnac 51162	Mignonne 54253
Palestre	124298	noire	1915	Kalot 92507	Lamineuse 101716
Palestre	127525	grise	1915	Garo 70714	Morille 108930
Palestre	127667	noire	1915	Lasso 103951	Lisette 54515
Palestrina	124397	gris-foncé	1915	Lasso 103951	Kalijatte 92244
Palestrina	126926	noire	1915	Lods 100359	Sucrée 63478
Palette	124304	noire	1915	Jonas 84244	Isis 80140
Palette	126775	noire	1915	Jaseur 89506	Joliette 84254
Palette	127582	noire	1915	Lédon 101823	Kaffa 96113
Palette	127666	noire	1915	Latin 100016	Indivise 81995
Palette	128667	gris-foncé	1915	Loupillon 99586	Jalousie 88901
Palette	128684	gris-foncé	1915	Kerdrain 95437	Kinolette 96753
Palette	128776	baie	1915	Loiret 103444	Ida 82678
Pâleur	124305	noir-zain	1915	Labruty 99249	Molécule 66945
Pâleur	127668	noir-zain	1915	Lasso 103951	Ibérienne 82872
Palgrave	126927	grise	1915	Lapereau 100259	Ida 98496
Palice	126639	gris-vin.	1915	Kodi 94246	Blidah 48211
Palidonie	127671	grise	1915	Livarot 100341	Kompétence 95746
Palière	124306	gris foncé	1915	Jean-qui-rit 88772	Lactoline 100568
Palière	126640	bai-rub.	1915	Incident 80133	Ivorine 81062
Palière	127669	noire	1915	Latin 100016	Hirondelle 74106
Palikao	125308	gris-vin.	1915	Luth 99969	Palmyre 56299
Palikao	126929	gris-foncé	1915	Jugal 85444	Kassette 93041
Palinge	126641	noire	1915	Incident 80133	Loueuse 102275
Palinge	126931	grise	1915	Jugal 85444	Hative 73705
Palinodie	124310	gris clair	1915	Guignolet 70023	Kortone 92023
Palinodie	127534	grise	1915	Jorxey 89256	Balance 63100
Palinodie	128686	noire	1915	Lazarre 104493	Jeunesse 87242
Palise	126642	noir-zain	1915	Juste 85878	Lorette 102258
Palissade	124319	grise	1915	Koquelin 92226	Mylienne 105829
Palissade	127533	grise	1915	Ichneumon 80679	Libertine 104235
Palissade	127672	grise	1915	Longtemps 102618	Galantine 49973
Palissade	128663	gris-foncé	1915	Loupillon 99586	Livrée 104743
Palissandre	126914	gris-foncé	1915	Lagor 100512	Lacune 99639
Pâlissante	127673	grise	1915	Longtemps 102618	Kommune 95736
Palisse	124919	baie	1915	Kontemporain 94579	Kolisé 91972
Palisse	126643	noire	1915	Incident 80133	Gentille 78458
Pallantide	126928	grise	1915	Jugal 85444	Kystique 91799
Pallas	124408	gris-foncé	1915	Lasso 103951	Garenne 71439

NOM	N°	ROBE	Naissance	PÈRE	MÈRE
Pallas	126545	noire	1915	Incident 80133	Loeze 102254
Pallas	127513	noire	1915	Juliopolis 86716	Lancette 104587
Palle	125065	gris-foncé	1915	Hanneton 75587	Histoire 68465
Palle	126573	noire	1915	Lamantin 103615	Jalousie 98436
Palleville	126644	noire	1915	Incident 80133	Ianina 98206
Palliation	127676	noire	1915	Lycaon 103544	Judith 98317
Palliative	127674	grise	1915	Longtemps 102618	Lointaine 102597
Pallice	126645	noir-zain	1915	Incident 80133	Javotte 86755
Pallue	126646	bai-brun	1915	Juste 85878	Ixie 81060
Pallue	127905	baie	1915	Lascif 103725	Kilkennie 96404
Palma	125424	grise	1915	Lutécien 102720	Alaxa 60268
Palmature	127677	grise	1915	Lycaon 103544	Galilée 36877
Palme	124320	grise	1915	Koquelin 92226	Livonienne 98982
Palme	125312	noire	1915	Laboureur 104443	Laquelle 98028
Palme	126647	noire	1915	Incident 80133	Junon 86732
Palme	126932	grise	1915	Jugal 85444	Harpie 73709
Palme	127507	gris-noir	1915	Kabestan 94208	Kharkof 96181
Palme	127683	grise	1915	Longtemps 102618	Laure 102879
Palme	128761	noire	1915	Lazarre 104493	Lignée 104461
Palmède	124804	gris-foncé	1915	Liguori 103360	Rebrique 56028
Palmée	124321	grise	1915	Koquelin 92226	Housse 73585
Palmée	127684	noire	1915	Latin 100016	Myrrhe 109532
Palmeraie	124362	noire	1915	Iowa 80989	Rigolette 57499
Palmeraie	127687	grise	1915	Latin 100016	Ile 83211
Palmette	124323	gris-clair	1915	Kalot 92507	Korrèze 92019
Palmette	126773	grise	1915	Jaseur 89506	Lydie 98846
Palmette	127506	grise	1915	Irradié 83254	Hallebarde 77924
Palmette	127688	grise	1915	Kerblanc 93063	Levantine 101867
Palmida	124669	gris-foncé	1915	Loris 100377	Mariola 68130
Palmière	127572	noire	1915	Benjoin 62927	Kowno 96125
Palmure	124324	gris-t.-cl.	1915	Kalot 92507	Grammaire 70003
Palmure	127689	alez.-rub.	1915	Kerblanc 93063	Harpaille 76878
Palmyre	125551	noire	1915	Jonas 84244	Karusette 90465
Palmyre	126934	gris-foncé	1915	Jugal 85444	Coquette 63486
Palmyre	128031	grise	1915	Loch 98957	Intrigue 82800
Palneca	126648	noir-zain	1915	Incident 80133	Ischurie 79274
Paloise	124325	gris-foncé	1915	Jean-qui rit 88772	Lauame 81468
Palombe	126831	gris-foncé	1915	Irradié 83254	Illettré 82572
Palombe	128718	gris-foncé	1915	Loupillon 99586	Kopcha 97259
Palonne	124358	grise	1915	Labruty 99249	Muscade 46358
Pâlotte	124359	noire	1915	Labruty 99249	Abjectif 66372
Pâlotte	125098	grise	1915	Képi 91690	Camelote 55530
Palourde	124333	gris-foncé	1915	Kimberley 92885	Lannaire 100559
Palourde	127033	gris-fer	1915	Huitain 73993	Carotte 73430
Palpation	124335	noire	1915	Kimberley 92885	Grison 69802

NOM	N°	ROBE	Naissance	PÈRE	MÈRE
Palpe	124336	grise	1915	Kimberley 92885	Loutre 100844
Palpitante	127512	grise	1915	Lieu 104207	Valseuse 64912
Palude	126649	noire	1915	Jupiter 88668	Hisette 97738
Paludine	124339	gris-clair	1915	Kontemporain 91579	Taupette 55334
Paludine	127700	grise	1915	Lasso 103951	Charmante 57530
Palustre	127701	noire	1915	Lasso 103951	Coquette 75011
Palva	125485	grise	1915	Illettré 81310	Lotion 100379
Pamée	124250	noire	1915	Josué 88841	Kamizole 90623
Paméla	124409	gris-foncé	1915	Lasso 103951	Gilberte 54578
Paméla	126935	noire	1915	Lapereau 100259	Livadia 103744
Paméla	127449	grise	1915	Jaseur 89506	Prévoyante 56534
Pamoison	126598	noire	1915	Kontemporain 91579	Gramme 81580
Pampa	124341	grise	1915	Kalot 92507	Gabare 71212
Pampa	127487	gris-foncé	1915	Lamantin 103615	Biche 75019
Pampa	127703	gris-foncé	1915	Lasso 103951	Istrich 81286
Pampa	124342	grise	1915	Kalot 92507	Menouille 57075
Pampa	127704	gris-foncé	1915	Lasso 103951	Guillerette 72407
Pampalonne	126652	gris-foncé	1915	Jupiter 88668	Jeanne 98291
Pampelune	124184	grise	1915	Képi 91690	Sirène 58691
Pampelune	124940	grise	1915	Lucumon 100857	Lydie 99865
Pampelune	126936	noire	1915	Lapereau 100259	Rosé 63275
Pampelune	128032	noire	1915	Loch 98957	Gouline 70669
Pamphile	125088	noire	1915	Lambris 97845	Energie 59170
Pamphylie	126937	grise	1915	Jugal 85444	Bouquette 62677
Pamplemousse	127485	gris-noir	1915	Lamantin 103615	Idole 93362
Pamplie	126653	grise	1915	Jupiter 88668	Korinne 94406
Panabase	127706	noire	1915	Lutécien 102720	Mouvette 59923
Panacée	124345	noire	1915	Larret 100780	Mégaptère 108227
Panacée	125568	grise	1915	Jonas 84244	Gentille 69358
Panacée	126564	noire	1915	Kabestan 94208	Foutelaie 93518
Panacée	127712	noire	1915	Douvreur-ex-Couvreur 58335	Kadmie 95318
Panacée	128658	gris-r.	1915	Languedoc 104423	Harpie 78238
Panachée	124357	noire	1915	Kommis 93104	Havraise 74654
Panachée	127714	gris-clair	1915	Douvreur-ex-Couvreur 58335	Jabotière 87164
Panachure	127578	grise	1915	Klocher 95657	Margelle 111055
Panade	124332	noire	1915	Jasmin 83835	Bibi 61287
Panade	124676	noire	1915	Lods 100359	Kyssel 93115
Panade	127575	gris-noir	1915	Importun 80576	Calcédoine 67729
Panade	127717	grise	1915	Lutécien 102720	Loyale 102678
Panarde	124347	grise	1915	Kalot 92507	Histoire 76805
Panarde	124947	noire	1915	Komitat 91759	L'Amie 67017
Panasserie	127718	grise	1915	Lutécien 102720	Aspirante 67941
Pancarte	124348	grise	1915	Kalot 92507	Isoline 63283
Pancarte	127492	gris-foncé	1915	Léandre 99625	Larrière 103754
Pancarte	127720	grise	1915	Lasso 103951	Libérienne 99432

NOM	N°	ROBE	Naissance	PÈRE	MÈRE
Pancréatine	127721	grise	1915	Lasso 103951	Machine 110122
Pandanée	127724	gris-foncé	1915	Languier 100640	Kolonie 95717
Pandata	124832	grise	1915	Lutécien 102720	Latte 97959
Pandataria	126938	gris-foncé	1915	Jugal 85444	Kasis 91797
Pandème	127722	noire	1915	Languier 100640	Rosalie 64537
Pandrigne	126654	bai-mar.	1915	Jupiter 88668	Biche 78495
Panecière	126655	grise	1915	Jupiter 88668	Kasba 93969
Panée	124372	noire	1915	Lion 100756	Dormeuse 98446
Panée	127723	gris-foncé	1915	Languier 100640	Lucarne 102681
Panémone	127731	grise	1915	Julien 87316	Couturière 52847
Panerée	124373	grise	1915	Long 99553	Lisette 78464
Panerée	127726	grise	1915	Julien 87316	Mouvette 60213
Paneterie	124376	noire	1915	Lichas 98731	Lécheuse 103282
Paneterie	127727	grise	1915	Julien 87316	Guenille 70880
Panetière	124380	gris-foncé	1915	Jouillat 88642	Gérance 70058
Panetière	127490	gris-foncé	1915	Kahestan 94208	Lagarenne 104420
Panetière	127729	grise	1915	Latin 100016	Marquise 64580
Panetière	128656	gris-foncé	1915	Loto 104424	Lamelle 104446
Pangée	126543	noire	1915	Juste 85878	Koncorde 94082
Pangée	126939	noire	1915	Lapereau 100259	Margot 87651
Panicule	124381	noire	1915	Jouillat 88642	Trompette 65620
Panicule	127493	baie	1915	Léandre 99625	Cantilène 67770
Panicule	127732	grise	1915	Julien 87316	Inopinée 78818
Paniculée	124383	noire	1915	Lods 100359	Licence 100047
Panilleuse	126656	noire	1915	Jupiter 88668	Mouillure 108980
Panique	124400	gris-foncé	1915	Kontemporain 91579	Japonaise 85736
Panique	127496	noire	1915	Léandre 99625	Kiou Siou 96163
Panique	128692	noir-m.-t.	1915	Loto 104424	Vénitienne 51018
Panissage	126657	noire	1915	Incident 80133	Mouche 108966
Panissière	126658	grise	1915	Jupiter 88668	Kronstadt 93972
Panlatte	126659	baie	1915	Jupiter 88668	Fauvette 75255
Panne	124388	noire	1915	Iowa 80989	Konvoitise 91234
Panne	127032	noire	1915	Huitain 73993	Impressionnable 82311
Panne	127495	baie	1915	Jorsey 89256	Hermine 75421
Panne	127748	gris-foncé	1915	Julien 87316	Surprise 50275
Pannecière	126661	bai-cerise	1915	Jupiter 88668	Klio 94056
Pannée	124391	noire	1915	Kimberley 92885	Lueur 100414
Pannée	127749	grise	1915	Latin 100016	Hermance 77311
Pannetière	126980	gris-t.-f.	1915	Jugal 85444	Gourmande 71860
Pannonie	124405	baie	1915	Lansquenet 99293	Bidette 53829
Pannonie	126547	noire	1915	Lion 100756	Jubinie 73404
Pannonie	126964	noire	1915	Lapereau 100259	Alcine 65567
Panonnie	128476	gris-vin.	1915	Lustre 99965	Fauvette 67510
Panoplie	124404	grise	1915	Jean-qui-rit 88772	Etape 54500
Panoplie	127500	gris-vin.	1915	Léandre 99625	Kahira 92645

NOM	N°	ROBE	Naissance	PÈRE	MÈRE
Panoplie	127753	noire	1915	Julien 87316	Naïda 84466
Panoplie	128694	bai-brun	1915	Kaisson 97384	Lisette 68042
Panorme	126608	grise	1915	Importun 80576	Joueuse 98260
Panorme	126984	noire	1915	Lion 100756	Historiette 77010
Panoufle	124429	noire	1915	Kontemporain 91579	Ismène 80155
Panoufle	127754	grise	1915	Latin 100016	Icarie 82980
Panouse	126662	grise	1915	Jupiter 88668	Pistache 54632
Pansue	124410	noir-rub.	1915	Kruor 91865	Insistante 79583
Pantalonnade	127499	noire	1915	Léandre 99625	Ginette 72915
Pantélique	125442	grise	1915	Kœquelin 92226	Léda 98924
Pantène	127758	gris-foncé	1915	Instar 78857	Héléna 93500
Panthée	127759	noire	1915	Kerblanc 93063	Kantinière 97586
Panther	125606	noire	1915	Logos 99473	Hortense 74672
Panthère	124491	noire	1915	Karolus 93008	Konduite 93555
Panthère	125079	noire	1915	Fier-à-Bras 65250	Kénette 90579
Panthère	127491	noire	1915	Léandre 99625	Japonaise 88926
Panthère	127764	grise	1915	Limonadier 101461	Ibérie 98308
Panthère	128695	grise	1915	Loto 104424	Jante 89088
Panticapée	126985	noire	1915	Lion 100756	Hedwige 73745
Pantière	127765	noire	1915	Limonadier 101461	Juvenilia 98313
Pantoire	124414	grise	1915	Kalot 92507	Gravette 66573
Pantoire	127766	grise	1915	Limonadier 101461	Laplume 102860
Pantoise	124419	noire	1915	Kontemporain 91579	Kontrebande 91242
Pantoise	127768	grise	1915	Limonadier 101461	Lasalle 102868
Pantomine	124422	grise	1915	Lasso 103951	Richette 49811
Pantomine	127020	noire	1915	Jouillat 88642	Gondole 87653
Pantomine	127464	gris-foncé	1915	Jorxey 89256	Joconde 96863
Pantomine	128691	alezan-f.	1915	Kaisson 97384	Docile 84419
Pantoufle	124424	noir-zain	1915	Lapereau 100259	Mireille 59981
Pantoufle	127467	noire	1915	Idomen 83507	Hignonne 97073
Pantoufle	127769	grise	1915	Latin 100016	Perdrix 66805
Pantoufle	128697	gris-foncé	1915	Kaisson 97384	Margot 89995
Panure	124425	noir-zain	1915	Kalot 92507	Gaité 70440
Panure	127774	noire	1915	Latin 100016	Lamaltière 102782
Paolie	126986	gris-foncé	1915	Lion 100756	Infuse 82478
Paonne	124438	noire	1915	Lapereau 100259	Galette 97125
Paonne	127771	grise	1915	Latin 100016	Docile 43323
Papaïne	124441	grise	1915	Lanier 101743	Immanquable 80477
Papaïne	127775	grise	1915	Douvreur-ex-Couvreur 58335	Vigoureuse 49972
Papéine	126961	noire	1915	Huitain 73993	Olive 57195
Papelarde	125546	noire	1915	Jonas 84244	Mouvette 57935
Papelarde	127482	gris-foncé	1915	Léandre 99625	Lentille 104274
Papelarde	127776	noir-zain	1915	Instipulé 79213	Lagardie 102781
Papelardise	127481	grise	1915	Juliopolis 86716	Docile 57033
Paperasse	125418	grise	1915	Kidney 96741	Rigolette 75203

NOM	N°	ROBE	Naissance	PÈRE	MÈRE
Paperasse	127777	noire	1915	Kourlis 95894	Langue 102819
Paperasse	128589	noire	1915	Kaduc 95523	Lave 104529
Papeterie	127480	grise	1915	Jorxey 89256	Massette 111117
Papetière	127521	noire	1915	Idomen 83507	Harmonie 98202
Papi	125470	noire	1915	Lutécien 102720	Légume 97925
Papille	125040	noir-zain	1915	Kommis 93104	Kalipette 90386
Papille	127527	noir-zain	1915	Garo 70714	Biche 90161
Papille	127615	gris-foncé	1915	Loupillon 99586	Mignonne 50546
Papille	127782	noire	1915	Impérator 83461	Georgette 72142
Papillote	124449	grise	1915	Guignolet 70023	Poule 54274
Papillote	124833	noire	1915	Laboureur 104443	Urgente 67839
Papillote	126993	noire	1915	Huitain 73993	Faisante 89976
Papillote	127783	gris-foncé	1915	Impérator 83461	Lalande 102802
Papillotte	127520	baie	1915	Garo 70714	Morsure 108938
Paponnette	125552	gris-fer	1915	Lapsus 99303	Iconostase 79698
Papouasie	126995	noire	1915	Jean-qui-rit 88772	Kourante 93028
Papule	124452	noir-zain	1915	Kentemporain 91579	Hirondelle 76456
Papule	125076	grise	1915	Lambris 97845	Liberté 100283
Papule	125330	gris-foncé	1915	Laboureur 104443	Paquerette 55097
Papule	125488	noire	1915	Juin 83623	Magenta 105965
Papule	127524	noire	1915	Incident 80133	Isaure 98212
Papule	127788	noire	1915	Douvreur ex-Couvreur 58335	Hachette 75339
Pâquerette	124169	grise	1915	Douvreur ex Couvreur 58335	Crevette 22471
Pâquerette	124389	gris-fer-f.	1915	Lapereau 100259	Itou 98492
Pâquerette	124856	noire	1915	Limon 99810	Jacinthe 83676
Pâquerette	126708	grise	1915	Incident 80133	Jolie 86692
Paquerette	126795	grise	1915	Jaseur 89506	Léonie 102305
Pâquerette	126816	noire	1915	Mareuil 53313	Happe 76652
Paquerette	126820	grise	1915	Lannes 100896	Héliotrope 74916
Pâquerette	126950	noire	1915	Komitat 91759	Louisette 75134
Pâquerette	127135	noire	1915	Huitain 73993	Krinte 95935
Pâquerette	127203	gris-foncé	1915	Instar 78857	Charmante 64536
Pâquerette	127454	grise	1915	Lombrical 102604	Lisette 101934
Pâquerette	127466	noire	1915	Idomen 89256	Pelotte 49428
Paquerette	128360	grise	1915	Loiret 103444	Karavane 97494
Pâquerette	128542	noire	1915	Kaisson 97384	Christine 84572
Paquerette	128629	grise	1915	Lazarre 104493	Indécise 80497
Paqueryta	124180	grise	1915	Kommis 93104	Lectrice 99085
Pâques	124629	grise	1915	Laboureur 104443	Kine 90629
Parabase	127789	grise	1915	Latin 100016	Adjointe 68230
Parabole	127518	gris-vin.	1915	Incident 80133	Hardie 93329
Parabole	127790	grise	1915	Latin 100016	Bichette 54115
Parabole	128624	noire	1915	Loto 104424	Luotta 47727
Parabole	128708	grise	1915	Lazarre 104493	Mendoza 104914
Parade	124457	noire	1915	Kontemporain 91579	Isel 80458

NOM	N°	ROBE	Naissance	PÈRE	MÈRE
Parade	125035	grise	1915	Jallieu 86306	Léda 98944
Parade	126663	grise	1915	Jupiter 88668	Ibérie 98204
Parade	127522	noire	1915	Jupiter 88668	Lisette 98195
Parade	127791	grise	1915	Latin 100016	Lisette 75034
Paradoxe	125322	gris-foncé	1915	Lasso 103951	Gazéifi 69485
Parafe	124630	noire	1915	Laboureur 104443	Laque 97853
Parafe	127792	gris-clair	1915	Latin 100016	Maquette 110282
Paraffine	124460	grise	1915	Jean-qui-rit 88772	Habile 75279
Paraffine	127597	gris foncé	1915	Jorxey 89256	Mariette 111024
Paraffine	127793	grise	1915	Kourlis 95894	Olga 61179
Parafine	128679	grise	1915	Lazarre 104493	Juliange 87910
Paraison	124462	bai-brun	1915	Jean-qui-rit 88772	Kinine 92230
Paraison	127797	gris-foncé	1915	Douvreur-ex-Couvreur 58335	Elbe 98297
Paralie	126551	noire	1915	Iowa 80989	Irène 81394
Paralienne	126998	gris-foncé	1915	Huitain 73993	Kaméléios 95298
Paralipomène	126999	noir zain	1915	Huitain 73993	Briquette 66276
Parallèle	125220	gris-foncé	1915	Loris 100377	Castille 75241
Parallèle	127000	gris-foncé	1915	Huitain 73993	Marions 107392
Paramnésie	124468	noire	1915	Lauriétin 98638	Hausse 73922
Parana	125473	noire	1915	Laboureur 104443	Castille 54487
Parana	127001	noire	1915	Huitain 73993	Libérée 103299
Paraphe	124469	noire	1915	Lauriétin 98638	Cocotte 56388
Paraphe	127800	grise	1915	Douvreur ex-Couvreur 58335	Kompagnie 95741
Paraphrase	127594	grise	1915	Jorxey 89256	Kova 92800·
Paraphyse	127802	grise	1915	Douvreur-ex-Couvreur 58335	Bichette 81599
Paraplégie	124586	grise	1915	Képi 61690	Pâquerette 57423
Parasange	124470	grise	1915	Koriolan 92013	Jale 85088
Parasélène	124471	grise	1915	Koriolan 92013	Mouvette 49179
Parcelle	124474	grise	1915	Képi 91690	Loterie 100374
Parcelle	127544	gris-r.	1915	Irradié 83254	Konich 96057
Parcelle	127805	noire	1915	Luron 97902	Ile 82899
Parcella	128676	grise	1915	Lazarre 104493	Morelle 104930
Parcimonie	124483	noire	1915	Kimberley 92885	Avisée 58464
Parcimonie	127543	gris-foncé	1915	Jorxey 89256	Jocaste 88721
Parcimonie	127806	grise	1915	Lorientais 103276	Kolumelle 95722
Parcimonie	128678	noir m. t.	1915	Lazarre 104493	Solide 84474
Parcimonieuse	125610	grise	1915	Jua 83570	Coquette 61227
Parclose	124484	noire	1915	Kimberley 92885	Kourtière 91356
Parclose	127808	bai-chât.	1915	Krural 91866	Kathode 94918
Pardie	126664	noire	1915	Jupiter 88668	Labalme 101979
Pardienne	124495	grise	1915	Kalot 92507	Biche 74991
Pardine	124920	grise	1915	Kontemporain 91579	Gastille 98068
Pardine	126665	noire	1915	Incident 80133	Gamine 75256
Paréa	124496	gris-clair	1915	Guignolet 70023	Jouvence 86707
Parée	127809	grise	1915	Lieuvin 103348	Phémie 63449

NOM	N°	ROBE	Naissance	PÈRE	MÈRE
Pareille	124503	grise	1915	Lanier 101743	Gabonne 73092
Pareille	127811	grise	1915	Lieuvin 103348	Margot 110329
Pareja	127010	noire	1915	Lorientais 103276	Elisa 98449
Parélie	124527	noire	1915	Lumineux 100865	Louveterie 100398
Parélie	127830	noire	1915	Insipide 82466	Laporte 101300
Parelle	124504	gris-foncé	1915	Kalot 92507	Kornue 91635
Parelle	127812	gris-foncé	1915	Kodi 94246	Jactance 87174
Parénèse	124508	noire	1915	Lumineux 100865	Mansarde 107977
Parénèse	127814	gris-foncé	1915	Lagor 100512	Hidaïe 76204
Paronne	126667	grise	1915	Juste 85878	Fauvette 84506
Parente	127816	grise	1915	Larron 103966	Konstantine 96568
Parenté	127818	grise	1915	Latin 100016	Larche 102863
Parenthèse	127542	grise	1915	Léandre 99625	Guitare 72712
Parenthèse	128669	grise	1915	Kangurou 91649	Kamala 96792
Paresse	127548	grise	1915	Léandre 99625	Koraline 97266
Paresse	127825	noir m.-t.	1915	Insipide 82466	Junia 86371
Paresse	128671	grise	1915	Loquace 104466	Kannebière 96463
Paresseuse	125229	grise	1915	Loris 100377	Fatma 73453
Paresseuse	126974	gris-foncé	1915	Komitat 91759	Jouvence 86950
Paresseuse	128688	grise	1915	Kangurou 91649	Jonquière 87876
Pareuse	124515	bai-zain	1915	Lapereau 100259	Abelette 66574
Pareuse	127826	noire	1915	Insipide 82466	Mimosa 107850
Parfaite	124520	grise	1915	Lumineux 100865	Hybride 75812
Parfaite	125051	grise	1915	Kommis 93104	Luciole 99790
Parfumeuse	127547	grise	1915	Irradié 83254	Lectrice 104291
Pariade	124170	noire	1915	Lambris 97845	Loyale 100399
Pariade	124526	noire	1915	Lumineux 100865	Volage 62781
Pariage	124171	grise	1915	Kontemporain 94579	Hoquette 97064
Parich	125226	grise	1915	Loris 100377	Jonquille 85974
Pariétaire	127607	grise	1915	Léandre 99625	Jacquette 88852
Pariétale	127839	noire	1915	Klaustral 91061	Herseigne 75796
Parieuse	124530	grise	1915	Kimberley 92885	Kalice 90635
Parieuse	127606	gris-noir	1915	Lieu 104207	Importune 82531
Parleuse	127843	noire	1915	Jointif 87256	Anisette 60297
Parigotte	125179	noire	1915	Logis 99269	Coquette 81769
Parisette	124533	gris-foncé	1915	Kommis 93104	Givette 69963
Parisette	127844	grise	1915	Jointif 87256	Charlotte 60179
Parisienne	124492	noir-zain	1915	Lorrain 101254	Konvulsion 93632
Parisienne	127007	noir-zain	1915	Lorientais 103276	Katimor 95484
Parisienne	127846	gris-foncé	1915	Jointif 87256	Hespanie 77701
Parité	124536	gris-clair	1915	Kalhao 92188	Bichette 58324
Parité	127605	noir m.-t.	1915	Léandre 99625	Jardinière 88851
Parité	127851	grise	1915	Julien 87316	Livie 101560
Parlante	124537	gris t.-cl.	1915	Kalhao 92188	Kadence 90522
Parterie	124539	noire	1915	Laurictin 98638	Perrette 53718

NOM	N°	ROBE	Naissance	PÈRE	MÈRE
Parleuse	124541	grise	1915	Lauriétin 98638	Globule 70742
Parleuse	126721	noire	1915	Incident 80133	Lasse 102088
Parlote	124543	noir-zain	1915	Kommis 93104	Jauge 85106
Parlote	127855	noire	1915	Kerblanc 93063	Gavotte 98228
Parlotte	127435	noire	1915	Léandre 99625	Hironnière 77482
Parlotte	128672	noir-m.-t.	1915	Kangourou 91649	Helvétie 97724
Parmacelle	124544	noir-zain	1915	Fier-à-Bras 65250	Coquette 54553
Parmacelle	127856	grise	1915	Klaustral 91061	Hanebane 76004
Parme	124712	grise	1915	Kalot 92507	Haleine 74732
Parme	125467	gris-ard.	1915	Lasso 103951	Linière 103370
Parme	127011	noir-zain	1915	Lorientais 103276	Livie 103294
Parmélie	124546	baie	1915	Laqueur 100658	Mazette 105285
Parmélie	127864	noire	1915	Latin 100016	Herbière 77467
Parménide	127013	bai-brun	1915	Lori 102083	Taragonaise 67854
Parmentière	124494	noire	1915	Lapereau 100259	Khaspour 95175
Parmentière	127436	grise	1915	Juliopolis 86716	Histoire 74492
Parne	126670	noire	1915	Juste 85878	Glorieuse 84505
Paroche	126668	noire	1915	Juste 85878	Loquace 101404
Parodie	124551	noire	1915	Kapuly 92818	Kohérence 92629
Parodie	127579	gris-foncé	1915	Irradié 83254	Hella 81788
Parodie	127867	grise	1915	Kaxton 96514	Kerrie 96300
Parodie	128755	noire	1915	Lazarre 104493	Kingston 96459
Paroi	127871	noire	1915	Insipide 82466	Kennédie 96285
Paroi	128689	grise	1915	Kangourou 91649	Lucillia 104623
Paroisse	124561	grise	1915	Kimberley 92885	Doucette 65204
Paroisse	127580	noire	1915	Lieu 104207	Latomie 104299
Parole	124562	grise	1915	Kimberley 92885	Latrie 99331
Parole	125251	noire	1915	Lustre 99965	Hydratée 74426
Parole	127027	gris-foncé	1915	Jouillat 88642	Biche 93301
Parole	127589	noire	1915	Importun 80576	Margarita 111064
Paromologie	124563	gris-vin.	1915	Kimberley 92885	Larive 100905
Paronomase	124557	gris-foncé	1915	Limon 99810	Guignette 71504
Paronyque	124559	noire	1915	Logis 99269	Kordalie 90364
Parotide	128675	grise	1915	Kibus 96690	Machine 109551
Parpeville	126673	noire	1915	Jupiter 88668	Jonquille 86765
Parque	127029	noire	1915	Huitain 73993	Kathare 95271
Parque	127610	noire	1915	Idomen 83507	Mirsa 111080
Partance	124576	gris-fer	1915	Célibat 64968	Lanière 103036
Partance	127566	noir-m.-t.	1915	Léandre 99625	Galerne 93519
Parthie	127036	gris-foncé	1915	Lion 100756	Lutine 102191
Particule	124581	noire	1915	Kalot 92507	Lauréate 64902
Particule	127460	gris-noir	1915	Lycaon 103544	Istille 98613
Particulière	124583	grise	1915	Kruor 91865	Korbeille 93656
Particulière	127882	grise	1915	Jordaens 87507	Recette 66802
Partie	124577	gris-foncé	1915	Célibat 64968	Lanterne 103037

NOM	N°	ROBE	Naissance	PÈRE	MÈRE
Partie	127879	grise	1915	Joab 87450	Kabale 96411
Partielle	124588	noire	1915	Limon 99810	Castille 54393
Partielle	127883	grise	1915	Kavaignac 96510	Kola 96407
Partition	127469	noire	1915	Importun 80576	Bienfaisante 63189
Partition	127885	g. c. d. m.	1915	Kavaignac 96510	Violette 54485
Partitive	127884	gris-vin.	1915	Kavaignac 96510	Linette 101485
Parulie	124600	noire	1915	Iowa 80989	Koqueluche 93641
Parulie	127886	grise	1915	Lettré 104631	Ibéride 83166
Parure	127461	noire	1915	Benjoin 62927	Souveraine 57196
Parure	127889	grise	1915	Jordaens 87507	Indocile 82935
Parure	128705	grise	1915	Lazarre 104493	Duchesse 97711
Parvenue	124604	grise	1915	Kalot 92507	Kouronne 92039
Parvenue	126907	grise	1915	Huitain 73993	Litière 103171
Parvenue	127892	bai-cerise	1915	Kéris 93769	Jarretière 64617
Parville	126675	noire	1915	Juste 85878	Kastalie 94046
Pasage	127039	gris-foncé	1915	Igli 81048	Javotte 86889
Pascale	127893	grise	1915	Jan 84219	Heureuse 77720
Pascaline	127041	gris-foncé	1915	Igli 81048	Kita 95420
Pascaudière	124834	grise	1915	Jugal 85444	Girouette 56431
Paschiche	124902	noire	1915	Juin 83623	Lady 97914
Pasiphaé	126554	noir zain	1915	Huitain 73993	Jerès 84563
Paslière	126676	gris-foncé	1915	Jupiter 88668	Konchite 93989
Paspressée	124644	noire	1915	Labruty 99249	Braisette 67516
Pasquale	127044	grise	1915	Lapereau 100259	Pélagie 73403
Pasquinade	126056	gris-foncé	1915	Lycaon 103544	Guelma 81577
Pasquinade	127043	grise	1915	Lapereau 100259	Louable 99694
Pasquinade	127895	grise	1915	Kobez 96324	Kaskute 96420
Passade	126057	grise	1915	Lysias 103555	Hélgade 78309
Passade	127896	grise	1915	Kavaignac 96510	Julia 87487
Passage	126678	noire	1915	Juste 85878	Levure 104162
Passagère	127474	gris-foncé	1915	Lysias 103555	Jantille 98428
Passagère	127898	gris-l.-v.	1915	Kavaignac 96510	Polka 84492
Passante	127049	noire	1915	Lion 100756	Mélinite 62652
Passante	127901	grise	1915	Kavaignac 96510	Juteuse 87365
Passation	127902	grise	1915	Kaxton 96514	Katlina 96504
Passe	127473	gris-r.	1915	Lysias 103555	Idylle 82579
Passe	127903	grise	1915	Kerblanc 93063	Micheline 105701
Passée	127904	grise	1915	Lascif 103725	Sans-Tache 60753
Passementerie	127472	grise	1915	Lysias 103555	Julie 98319
Passerage	124897	gris foncé	1915	Irradié 83254	Juvénilité 88752
Passerelle	124620	grise	1915	Kalot 92507	Lunatic 80279
Passerelle	125271	noire	1915	Japon 84819	Kaze 92127
Passerelle	126967	noire	1915	Komitat 91759	Césarine 54287
Passerelle	127535	gris fer	1915	Klucker 95657	Hirelle 77304
Passerelle	127906	grise	1915	[illegible]	Mascarille 100484

NOM	N°	ROBE	Naissance	PÉRE	MÈRE
Passerelle	128710	bai-brun	1915	Lazarre 104493	Paquerette 55982
Passeresse	124621	grise	1915	Kontemporain 91579	Kachemire 91790
Passeresse	127907	grise	1915	Impérator 83461	Illusion 82992
Passerine	124622	baie	1915	Lansquenet 99293	Coquette 43958
Passerine	127910	grise	1915	Longtemps 102618	Joule 87279
Passerinette	124624	gris-foncé	1915	Koriolan 92013	Coquette 54550
Passerinette	127911	gris-t.-f.	1915	Instar 78857	Ino 83095
Passerose	127912	grise	1915	Instar 78857	Irénée 93505
Passette	124631	noir-zain	1915	Kommis 93104	Rigolette 53619
Passette	127914	grise	1915	Laguis 100589	Dulcinée 51474
Passevite	125191	noire	1915	Laboureur 104443	Imprécation 80907
Passiflore	127587	noire	1915	Lieu 104207	Evadée 58674
Passiflore	127917	grise	1915	Kaxton 96514	Kita 96781
Passion	127051	noire	1915	Huitain 73993	Biche 53644
Passion	127604	noire	1915	Lédon 101823	Madrure 111081
Passion	128602	noire	1915	Laurent 104533	Mûre 110857
Passion	128701	noire	1915	Kangurou 91649	Koralie 96780
Passive	125120	grise	1915	Kalino 91693	Lassie 99134
Passive	126605	noir-zain	1915	Jansénius 88703	Jante 88716
Passive	127915	grise	1915	Laguis 100589	Ili 83547
Passoire	127923	grise	1915	Lettré 104631	Licorne 104441
Pastenade	127924	grise	1915	Lécheur 101819	Lisane 98217
Pastèque	124643	noire	1915	Iowa 80989	Margot 53634
Pastèque	127489	noire	1915	Lamantin 103615	Infusion 93453
Pastèque	127930	grise	1915	Lettré 104631	Kanasava 92310
Pastiche	127483	noire	1915	Lamantin 103615	Kastille 97588
Pastilla	124206	grise	1915	Larpent 99117	Juxue 85071
Pastille	124646	grise	1915	Lafayette 100646	Irène 81763
Pastille	124705	noire	1915	Jugal 85444	Kandie 90922
Pastille	124717	gris-foncé	1915	Jallieu 86306	Merkadette 105797
Pastille	124931	gris-r.	1915	Hou-nan 76124	Junon 88666
Pastille	124966	grise	1915	Douvreur-ex-Couvreur 58335	Javalle 86007
Pastille	126774	noir-zain	1915	Huron 77627	Julia 89507
Pastille	127025	gris-fer-f.	1915	Jouillat 88642	Impériale 98494
Pastille	127458	noire	1915	Jaseur 89506	Hirondelle 84332
Pastille	127931	gris-foncé	1915	Klaustral 91061	Kalypso 96442
Pastille	128359	baie	1915	Haruko ex-Hidalgo 77104	Gigue 75087
Pastille	128414	noire	1915	Languedoc 104423	Linotte 103870
Pastille	128568	noire	1915	Languedoc 104423	Mireille 111135
Pastille	128711	gris-foncé	1915	Lazarre 104493	Saucisse 49729
Pastillette	125069	grise	1915	Hanneton 75587	Pastille 52690
Pastorale	124933	gris-foncé	1915	Hou-nan 76124	Cora 65471
Pastorale	127932	gris-fer	1915	Keris 93769	Fauvette 49860
Pastoure	124647	noire	1915	Lafayette 100646	Haleine 74134
Pastoure	127933	gris-foncé	1915	Keris 93769	Voltige 74993

NOM	N°	ROBE	Naissance	PÈRE	MÈRE
Pastourelle	124704	gris-foncé	1915	Jugal 85444	Biche 57478
Pastourelle	124935	gris-foncé	1915	Hou-nan 76124	Idole 42187
Pastourelle	126538	noire	1915	Lori 102083	Java 88118
Pastourelle	126822	grise	1915	Indécis 83374	Splendide 68000
Pastourelle	127935	grise	1915	Kavaignac 96510	Mouvette 61376
Pastourelle	128756	grise	1915	Jan 84219	Mérida 104904
Pastourette	127035	noire	1915	Kompotier 91549	Lignarde 104636
Patache	126559	noire	1915	Heaume 75604	Charlotte 93433
Patache	127030	noire	1915	Huitain 73993	Longe 102543
Patache	127936	noire	1915	Latin 100016	Amoureuse 64747
Patache	128680	gris-foncé	1915	Jordaens 87507	Karmella 96740
Patagonie	125033	noire	1915	Huitain 73993	Kali 95179
Patagonie	126558	noire	1915	Juste 85878	Biche 93306
Patagonie	127056	bai-br.-z.	1915	Lichen 103432	Heureuse 98489
Patagonne	127938	grise	1915	Jordaens 87507	Italienne 79322
Patarafe	124661	noire	1915	Kommis 93104	Indépendante 80475
Patarafe	127939	noir-zain	1915	Keris 93769	Coquette 61369
Patarasse	127942	grise	1915	Latin 100016	Vigoureuse 43597
Patate	124663	gris-foncé	1915	Languier 100640	Lointaine 61924
Patate	127945	noire	1915	Latin 100016	Kochère 97553
Pataude	124440	noire	1915	Huitain 73993	Souris 61362
Pataude	124664	grise	1915	Koriolan 92013	Paulette 58191
Pataude	127946	noire	1915	Latin 100016	Mischna 110054
Pataugeuse	127021	grise	1915	Jouillat 88642	Logette 104640
Pataugeuse	127949	alezan	1915	Kavaignac 96510	Industrie 83008
Pâte	127951	grise	1915	Kaxton 96514	Hinique 76687
Pâtée	124666	noir-zain	1915	Koriolan 92013	Kanine 90720
Pateline	124654	gris-noir	1915	Lapereau 100259	Gerbe 72588
Pateline	127530	noire	1915	Idomen 83507	Hébé 78296
Pateline	127956	noire	1915	Kaxton 96514	Mouvette 81628
Patelle	124667	noire	1915	Lanier 101743	Mélady 63323
Patelle	127955	grise	1915	Lettré 104631	Grivoise 73030
Patène	127609	gris-noir	1915	Camail 67771	Tulipe 53586
Patène	127957	grise	1915	Kaxton 96514	Paquerette 66523
Patente	124673	grise	1915	Kruor 91865	Jichette 97105
Patente	127477	grise	1915	Juliopolis 86716	Adèle 56311
Patentée	124674	grise	1915	Insipide 82466	Poulotte 48166
Patère	124684	bai-foncé	1915	Lapsus 99303	Gadoise 69667
Patère	127557	grise	1915	Jorxey 89256	Intrigue 93520
Patère	127962	gris-l.-v.	1915	Kavaignac 96510	Limaille 102238
Patère	128700	grise	1915	Jan 84219	Mouvette 55084
Paternelle	124686	grise	1915	Juvénal 83553	Jaspure 86192
Pâteuse	127963	noir-rub.	1915	Impérator 83461	Gestradella 72262
Pathologie	124689	grise	1915	Kontemporain 91579	Gisette 97057
Patience	124692	noire	1915	Iowa 80989	Kolonnette 91768

NOM	N°	ROBE	Naissance	PÈRE	MÈRE
Patience	127288	noire	1915	Konstat 75797	Karoline 93889
Patience	127479	gris-foncé	1915	Irradié 83254	Légion 104301
Patience	127965	gris-t.-f.	1915	Lettré 104631	Hellébore 77470
Patiente	127080	noire	1915	Quinquina 68945	Charmante 53668
Patine	124693	gris-clair	1915	Juvénal 83553	Margot 52259
Patine	127478	noire	1915	Idomen 83507	Montre 110673
Patine	127966	grise	1915	Lettré 104631	Mutule 109518
Patineuse	124711	grise	1915	Limacien 99821	Loterie 99112
Patineuse	127072	noir zain	1915	Komitat 91759	Rossinante 68134
Patineuse	127967	grise	1915	Instar 78857	Larve 103715
Patisserie	127969	grise	1915	Kaxton 96514	Guelte 98631
Patissière	124718	baie	1915	Kommis 93104	Ragote 43888
Patissière	126601	gris-foncé	1915	Luron 97902	Haleine 75346
Pâtissoire	127975	noire	1915	Latin 100016	Jurande 87505
Patua	127059	noir-m.-t.	1915	Lichen 103432	Hochette 77016
Patoche	124719	grise	1915	Kommis 93104	Joute 84654
Patoche	127976	grise	1915	Kaxton 96514	Castille 49775
Patoiserie	124713	noire	1915	Lanier 101743	Fanfare 81792
Patoiserie	127978	grise	1915	Lettré 104631	Katalogne 96499
Patouillarde	126945	noire	1915	Jugal 85444	Cigale 68706
Patouillarde	127069	noire	1915	Célibat 64968	Vigilente 56595
Patouillarde	127982	grise	1915	Lettré 104631	Kaucasie 96502
Patouille	127077	bai-m.-z.	1915	Karrich 92710	Castille 87560
Patraque	124715	noire	1915	Huitain 73993	Hune 74633
Patraque	127980	grise	1915	Lettré 104631	Docile 69199
Patriarcale	127981	noire	1915	Kéris 93769	Mûraie 109471
Patricienne	124724	grise	1915	Lougre 100470	Joppe 85048
Patricienne	127598	noire	1915	Ichneumon 80679	Liberté 104285
Patricienne	128573	noir-zain	1915	Loupillon 99586	Lorinette 104513
Patrie	124571	noire	1915	Illettré 81310	Imérina 80595
Patrie	124723	gris t. f.	1915	Lougre 100470	Kabaretière 90435
Patrie	125326	noire	1915	Luth 99969	Gaudrie 70901
Patrie	126817	alezane	1915	Mareuil 53313	Vaillante 52781
Patrie	127060	gris-vin.	1915	Lichen 103432	Pimpante 53631
Patrie	127387	gris-foncé	1915	Impérator 83461	Lapigerie 103553
Patrie	127735	grise	1915	Kodi 94246	Spatule 60139
Patrie	127987	noire	1915	Lettré 104631	Margot 49494
Patrie	128652	grise	1915	Kangurou 91649	Kent 93852
Patrière	126086	noir-zain	1915	Kommis 93104	Lady 100578
Patrocle	127073	grise	1915	Lanier 101743	Kitte 93944
Patrologie	124725	baie	1915	Lorrain 101254	Jolivette 84852
Patrologie	127989	gris-foncé	1915	Kavaignac 96510	Mirette 46700
Patronale	124729	noire	1915	Languier 100640	Lactée 100567
Patronale	127994	grise	1915	Jan-84219	Lisette 69193
Patronne	124726	noire	1915	Larret 100780	Déesse 75245

NOM	N°	ROBE	Naissance	PÈRE	MÈRE
Patronne	126828	grise	1915	Lasso 103951	Jabline 88760
Patronne	127990	grise	1915	Kavaignac 96510	Jumon 104748
Patronnesse	124727	noire	1915	Larret 100780	Longitude 101073
Patronnesse	127993	gris-foncé	1915	Kavaignac 96510	Juliana 98176
Patrouille	124731	grise	1915	Kontemporain 91579	Konsigne 91567
Patrouille	124786	noir-zain	1915	Liébig 98997	Pompette 62846
Patrouille	125435	grise	1915	Laboureur 104443	Intégrita 78896
Patrouille	126827	noir-zain	1915	Importun 80576	Kermesse 96695
Patrouille	127995	alezan	1915	Kaxton 96514	Farandole 87777
Patrouille	128617	grise	1915	Barnac 51162	Négresse 49570
Patsèche	125332	grise	1915	Lasso 103951	Jaque 84693
Patte	124732	grise	1915	Lacuneux 109158	Isabeau 66236
Patte	125136	gris-foncé	1915	Japon 84819	Harpe 74354
Patte	127996	grise	1915	Kavaignac 96510	Lionne 101502
Pattée	124734	grise	1915	Juvénal 83553	Infirmière 79743
Pattue	127997	grise	1915	Kaxton 96514	Mab 109541
Pâture	124735	grise	1915	Lieuvin 103348	Gentisme 69724
Pâture	124758	noire	1915	Insipide 82466	Adresse 52559
Pâture	127998	grise	1915	Kaxton 96514	Rose 64609
Paule	126680	grise	1915	Incident 80133	Jocaste 98294
Paule	127061	noire	1915	Jouillat 88642	Joute 88085
Paulette	124736	grise	1915	Guignolet 70023	Coquette 49220
Paulette	125778	gris-t.-f.	1915	Homard 74692	Lisette 62820
Paulette	126371	grise	1915	Luth 99969	Violette 56582
Paulette	126683	grise	1915	Jersey 86498	Milda 108752
Paulette	127065	gris-foncé	1915	Keramin 95167	Coquette 78539
Paulette	127517	noire	1915	Incident 80133	Kaisse 95480
Paulette	127836	noir-zain	1915	Kanguron 91649	Laveur 101803
Paulette	127999	noire	1915	Jalabert 85688	Hélice 98232
Paulette	128616	gris-foncé	1915	Lazzi 97935	Julia 888000
Paulhe	126684	grise	1915	Heaume 75604	Joconde 86669
Paulienne	124738	gris-foncé	1915	Lanier 101743	Lacheuse 63509
Paulienné	128000	grise	1915	Loquace 104466	Lésine 104020
Pauligne	126681	grise	1915	Incident 80133	Malotte 108751
Pauline	126682	noir-zain	1915	Jersey 86498	Lili 60894
Pauline	126778	gris-clair	1915	Indécis 83374	Hippone 77566
Pauline	127070	baie	1915	Huitain 73993	Locomotive 103250
Pauline	128628	noir-m.-t.	1915	Lazarre 104493	Karmina 95959
Pauline	128775	noire	1915	Loiret 103444	Junon 89102
Paume	124741	grise	1915	Kruor 91865	Mauvette 61198
Paume	128005	noire	1915	Joab 87450	Hyène 77354
Paumelle	124739	grise	1915	Jean-qui rit 88772	Lapidée 103062
Paumelle	128007	grise	1915	Lettré 104631	Hardie 90126
Paumelle	128591	grise	1915	Lazzi 97935	Innocente 82542
Paumure	128008	gris-foncé	1915	Lettré 104631	Jabel 93506

NOM	Nº	ROBE	Naissance	PÈRE	MÈRE
Paupière	124742	grise	1915	Kruor 91865	Mazurka 62812
Paupière	128009	gris-foncé	1915	Jordaens 87507	Hermione 97014
Pause	124753	noir-zain	1915	Kommis 93104	Rosette 53572
Pause	128010	gris-l.-v.	1915	Kéris 93769	Mignonne 68285
Pautaine	126685	noire	1915	Heainne 75604	Nizam 67396
Pautière	127462	noire	1915	Importun 80576	Jardre 88415
Pauvresse	128012	grise	1915	Kaxton 96514	Lise 101510
Pauvrette	126806	noire	1915	Guignolet 70023	Lisette 101607
Pauvrette	128013	gris-foncé	1915	Jordaens 87507	Bijou 54503
Pavane	124754	gris-foncé	1915	Handin 75681	Galante 69598
Pavane	127476	gris-noir	1915	Kabestan 94208	Balsamine 69217 bis
Pavane	128014	gris-l.-v.	1915	Jordaens 87507	Kanée 96467
Pavée	125348	grise	1915	Languier 100640	Margot 75042
Pavesade	128016	bai-brun	1915	Loquace 104466	Isaurie 83038
Pavette	124759	grise	1915	Lucumon 100857	Logique 99519
Pavette	128017	grise	1915	Loquace 104466	Literie 101516
Pavia	127075	gris-noir	1915	Hiersac 76358	Kalmante 90371
Pavie	124760	noire	1915	Kommis 93104	Kourbe 91346
Pavie	126687	grise	1915	Juste 85878	Lorcière 102260
Pavie	127076	noire	1915	Hiersac 76358	Lisa 103113
Pavie	128020	noir-m.-t.	1915	Loquace 104466	Maline 109575
Pavilly	125298	gris-vin.	1915	Labruty 99249	Isbillette 80019
Pavotte	125609	baie	1915	Jua 83570	Lacaille 101128
Payenne	128041	gris-foncé	1915	Jalabert 85688	Hachère 78357
Paysanne	127129	gris-foncé	1915	Incident 80133	Croquette 58217
Paysanne	128045	noire	1915	Larron 103966	Hélice 77466
Payse	124765	noire	1915	Juvénal 83553	Kolinette 91489
Payse	127084	noire	1915	Quinquina 68945	Mauve 109907
Payse	128043	grise	1915	Kavaignac 96510	Italie 82670
Péage	126688	bai-cerise	1915	Juste 85878	Coquette 54202
Péagère	128052	noire	1915	Lascif 103725	Varsovie 75462
Peau	124768	grise	1915	Kontemporain 91579	Armandine 52998
Peau	125392	grise	1915	Luth 99969	Kaïnite 93730
Péaule	126689	bai-mar.	1915	Juste 85878	Acnée 60368
Peausserie	124769	gris-foncé	1915	Kontemporain 91579	Heroïde 73958
Pébée	126690	grise	1915	Juste 85878	Héroïne 75440
Pécadille	124230	grise	1915	Hanneton 75587	Haries 76511
Pécadille	125089	grise	1915	Képi 91690	Léontine 99040
Pécaïre	124773	grise	1915	Kommis 93104	Gabeuse 71195
Pécaïre	128047	noire	1915	Loquace 104466	Limone 103985
Peccadille	127453	grise	1915	Jason 86475	Kaline 94501
Peccadille	128049	grise	1915	Guillaume-Tell 72926	Jenny 93542
Peccante	128053	grise	1915	Laguis 100589	Monique 108297
Pécharde	125394	bai-cerise	1915	Kodi 94246	Haie 76755
Pêche	124776	gris-foncé	1915	Lapsus 99303	Castille 67043

NOM	N°	ROBE	Naissance	PÈRE	MÈRE
Pêche	125165	noire	1915	Koquelin 92226	Souplesse 66853
Pêche	125428	gris-vin.	1915	Laboureur 104443	Sucrine 55915
Pêche	127086	grise	1915	Jodelle 86049	Furia 63745
Pêche	128054	grise	1915	Impérator 83461	Mignonne 108505
Pêcheresse	124945	alezane	1915	Kousso 92683	Importation 78751
Pêcheresse	125159	gris-foncé	1915	Koquelin 92226	Bijou 48968
Pâcherie	124777	noire	1915	Logis 99269	Galantine 70693
Pâcherie	128059	gris-foncé	1915	Laurent 104533	Harmonie 74337
Pêchette	124778	alezane	1915	Logis 99269	Laite 100593
Pêchette	128060	grise	1915	Laurent 104533	Liane 104616
Pêcheuse	124779	baie	1915	Logis 99269	Géante 70102
Pêcheuse	128065	grise	1915	Landais 104615	Ilote 82814
Pécile	125055	grise	1915	Koquelin 92226	Mellonie 105789
Pécile	127087	grise	1915	Quinquina 68945	Mésange 56379
Pécorade	126694	grise	1915	Juste 85878	Cascade 78500
Pécore	124796	noire	1915	Kontemporain 91579	Artiste 58396
Pécore	128067	grise	1915	Laurent 104533	Harpe 73752
Pécore	128725	noir-zain	1915	Interprète 80665	Hollandaise 77333
Pecqueuse	126695	noire	1915	Incident 80133	Lorgie 102259
Pectine	124799	grise	1915	Koriolan 92013	Rustique 58684
Pectine	126772	grise	1915	Kruchon 93701	Mascotte 109040
Pectine	128068	noire	1915	Laurent 104533	Huppe 77355
Pécule	124463	noire	1915	Limacien 99821	Lutine 99778
Pécune	124782	noire	1915	Juvénal 83553	Jubilante 86945
Pédale	124837	noire	1915	Komitat 91759	Muse 107483
Pédale	126972	noire	1915	Komitat 91759	Hélice 78257
Pédale	128600	noire	1915	Interprète 80665	Java 98522
Pédante	126901	baie	1915	Célibat 64968	Lisière 103179
Pégasse	124602	noire	1915	Lapereau 100259	Limace 101411
Pegmatite	124810	gris-foncé	1915	Ivan 81244	Lisette 69104
Pégoudine	125211	noire	1915	Loris 100377	Griotte 98266
Pègre	124809	gris foncé	1915	Ivan 81244	Karikale 92609
Pègue	126697	grise	1915	Incident 80133	Babillarde 53495
Peignée	124811	gris-foncé	1915	Jodelle 86049	Kommune 95598
Peignée	128073	grise	1915	Kouli 97151	Kouka 96201
Peignerie	124813	noire	1915	Quinquina 68945	Jézabel 84224
Peignerie	128075	grise	1915	Barnac 51162	Kilmaine 97251
Peille	124818	gris-foncé	1915	Languier 100640	Denise 55327
Peille	128074	gris-vin.	1915	Kouli 97151	Korry 96202
Peine	124825	noire	1915	Lumineux 100865	Idole 78977
Peine	125052	grise	1915	Limacien 99821	Geneive 69874
Peine	127093	gris-foncé	1915	Lion 100756_2	Minceur 110555
Peine	128078	grise	1915	Isaac 78892	Marotte 111149
Peintresse	124865	grise	1915	Lion 100756	Cocotte 93307
Peintresse	128082	gris-foncé	1915	Landais 104615	Javelotte 96859

NOM	N°	ROBE	Naissance	PÈRE	MÈRE
Peinture	125295	grise	1915	Kodi 94246	Canfouine 54951
Peinture	128079	grise	1915	Kabestan 94208	Marc 109608
Péjorative	124866	baie	1915	Jua 83570	Hachette 78413
Pékine	125060	grise	1915	Julien 87316	Margot 47292
Pékine	127094	gris-foncé	1915	Lion 100756	Charmante 93309
Pékinette	124226	grise	1915	Juin 83623	Minine 52769
Pelade	128083	grise	1915	Laguis 100589	Joueuse 87276
Pelade	128749	noire	1915	Interprète 80665	Logresse 104389
Pélage	127095	noire	1915	Lion 100756	Kérazonde 95404
Pélagie	124488	grise	1915	Indécis 83374	Mireille 64643
Pélagie	124685	noire	1915	Loris 100377	Jalousie 85308
Pélagie	124844	grise	1915	Lafayette 100646	Louvette 100846
Pélagie	127100	grise	1915	Kagot 92240	Modeste 60390
Pélagienne	128089	noire	1915	Kaxton 96514	Coquette 56115
Pélamide	124846	grise	1915	Languier 100640	Bijou 61458
Pélamide	128087	grise	1915	Lécheur 101819	Flanelle 51982
Pelarde	124847	gris-foncé	1915	Languier 100640	Kamarilla 90667
Pelarde	128088	noire	1915	Lazarre 104493	Gestradella 98229
Pélasge	127101	noir-m.-t.	1915	Kagot 92240	Ica 82012
Pélate	124849	grise	1915	Koucou 91328	Kanaillerie 90702
Pélate	128090	noire	1915	Kaxton 96514	Lemna 101837
Pelée	127104	grise	1915	Quinquina 68945	Gaufrette 73384
Pelée	128093	grise	1915	Laguis 100589	Lancette 44007
Pélerine	124851	grise	1915	Koucou 91328	Kokodile 90461
Pélerine	125328	gris-foncé	1915	Languier 100640	Fossette 98100
Pélerine	128095	grise	1915	Lascif 103725	Marine 109620
Pélissanne	126699	noire	1915	Incident 80133	Coquette 57470
Pelisse	124852	noire	1915	Lorrain 101254	Malice 46066
Pelisse	125045	gris-vin.	1915	Limacien 99821	Indirecte 78781
Pélisse	126602	gris-clair	1915	Luron 97902	Igue 83897
Pella	125506	noire	1915	Luth 99969	Irruption 79259
Pella	127105	noir-zain	1915	Kagot 92240	Lambine 99987
Palle	124861	gris-foncé	1915	Languier 100640	Jaleuse 84974
Palle	125324	grise	1915	Laboureur 104443	Nelle 47293
Palle	128099	gris-foncé	1915	Lettré 104631	Lycie 101351
Pellefigue	126700	noire	1915	Incident 80133	Ica 82420
Pellegrine	125486	noire	1915	Kalino 91693	Jacquemine 86562
Pellegrue	126701	noire	1915	Heainne 75604	Javotte 86850
Pellegrue	127108	noire	1915	Quinquina 68945	Lande 103659
Pellène	127107	noire	1915	Kagot 92240	Harvor 77899
Pellerine	126702	noire	1915	Heainne 75604	Altesse 63535
Pellerine	127106	noire	1915	Kagot 92240	Lina 56312
Pelletrie	125178	noire	1915	Homard 74692	Floride 66254
Pellicule	124863	gris-foncé	1915	Limacien 99821	Hugény 74416
Pellouaille	126705	noire	1915	Quinquina 68945	Cadette 51542

NOM	N°	ROBE	Naissance	PÈRE	MÈRE
Pelonne	126706	noire	1915	Incident 80133	Konscience 94093
Pelonnière	127733	grise	1915	Latin 100016	Hiémation 77711
Péloponèse	127109	gris-foncé	1915	Kagot 92240	Absente 61781
Pelote	124871	alezane	1915	Impérator 83461	Bichette 68258
Pelote	125046	gris-f.-v.	1915	Limacien 99821	Carpette 73444
Pelote	125989	gris-foncé	1915	Lucumon 100857	Katalane 91181
Pelote	126314	noire	1915	Kaleul 92482	Olga 68777
Pelote	126814	noire	1915	Mareuil 53313	Mazurka 107901
Pelote	126837	bai-chât.	1915	Karrich 92710	Charmante 49945
Pelote	126982	gris-foncé	1915	Jugal 85444	Koussine 93030
Pelote	128103	grise	1915	Jan 84219	Kysteuse 96332
Pelote	128618	noire	1915	Importun 80576	Galère 97717
Peloteuse	124877	noire	1915	Lanier 99292	Irma 98073
Peloteuse	128104	grise	1915	Jan 84219	Lentille 101846
Pelotte	126786	grise	1915	Indécis 83374	Bijou 54058
Pelouse	124872	gris-foncé	1915	Impérator 83461	Idole 78568
Pelouse	126711	grise	1915	Juste 85878	Jacinthe 86828
Pelouse	127110	grise	1915	Kagot 92240	Boussole 60028
Pelouse	127602	noire	1915	Kabestan 94208	Jarretière 88885
Pelouse	128109	grise	1915	Karliz 96713	Irminie 97733
Pelouse	128619	grise	1915	Importun 80576	Mazeppa 109682
Pelouza	125116	noire	1915	Japon 84819	Kinate 90573
Pelouze	127116	noire	1915	Kagot 92240	Idole 82484
Pelta	124894	grise	1915	Krural 91866	Mouvette 55800
Pelta	128110	grise	1915	Landais 104615	Konnivence 95786
Peluche	124733	gris-vin.	1915	Lutécien 102720	Judith 51730
Peluche	124891	grise	1915	Karolus 93008	Inès 68132
Peluche	128620	noire	1915	Joyeux 88776	Hermionne 97721
Pelure	124890	noire	1915	Kaniveau 90726	Loi 100368
Pelure	127737	grise	1915	Loupillon 99586	Kobriani 96652
Pelure	128113	gris-clair	1915	Kidney 96741	Charlotte 53091
Péluse	127112	gris-foncé	1915	Kagot 92240	Jongleuse 68024
Pelvienne	128116	noire	1915	Importun 80576	Minerve 109968
Pemba	127113	alezan-f.	1915	Kagot 92240	Lambourde 99989
Penaille	128117	noire	1915	Jointif 87256	Croquette 64089
Pénale	124889	grise	1915	Kaniveau 90726	Io 81435
Pénale	128119	gris fer	1915	Kidney 96741	Kurieuse 92756
Pénalité	128121	noir-zain	1915	Lazarre 104493	Jouvence 86649
Pénate	124785	noire	1915	Japon 84819	Irondelle 79863
Pénate	128024	noir-m.-t.	1915	Importun 80576	Méandre 109684
Pénates	125311	grise	1915	Loris 100377	Visière 64146
Penaude	124907	noire	1915	Jasmin 83835	Klarette 91044
Penaude	128123	noir-m.-t.	1915	Lazarre 104493	Jante 98634
Pence	128124	grise	1915	Kolomb 96547	Lettre 101864
Pendante	128126	noire	1915	Lazarre 104493	Frivole 49847

NOM	N°	ROBE	Naissance	PÈRE	MÈRE
Pendarde	128127	grise	1915	Lédon 101823	Kabylienne 97267
Pendeloque	124910	noire	1915	Jasmin 83835	Thironne 43898
Pendeloque	128128	grise	1915	Lédon 101823	Machelière 110116
Pendeloque	128757	noire	1915	Interprète 80665	Hygie 96996
Pendule	125492	noire	1915	Lissoir 99476	Pulchérie 50794
Pendule	125504	gris-foncé	1915	Lustre 99965	Krassule 95951
Pendule	128129	b.-b.-t.-f.	1915	Jan 84219	Junte 86717
Pendule	128748	noir-zain	1915	Interprète 80665	Grenade 96973
Pendulette	128130	grise	1915	Joab 87450	Gelée 70064
Pénée	127122	noire	1915	Lanier 101743	Hermine 98607
Pénélope	124506	baie	1915	Képi 91690	Montre 105518
Pénélope	125216	gris-foncé	1915	Loris 100377	Kalédonie 92317
Pénélope	125359	grise	1915	Fier-à-Bras 65250	Kabylie 97639
Pénélope	127118	noire	1915	Quinquina 68945	Marenne 107211
Pénélope	127123	noire	1915	Quinquina 68945	Jumelle 88347
Pénélope	128029	noire	1915	Loto-104424	Pluvieuse 67455
Péniche	124186	gris vin.	1915	Leporck 98669	Malle 105549
Péniche	124188	noire	1915	Koquelin 92226	Berrichonne 66450
Péniche	124926	noire	1915	Heainne 75604	Coquette 75008
Peniche	128132	grise	1915	Jan 84219	Dalilas 61085
Péniche	128751	noire	1915	Lazarre 104493	Libellule 104333
Péninsule	128133	gris-foncé	1915	Kolomb 96547	Kalouga 96358
Péninsule	128567	grise	1915	Lazarre 104493	Laridelle 101416
Pénitence	128135	grise	1915	Jan 84219	Faustine 93466
Penne	124874	alezane	1915	Labruty 99249	Grisette 49947
Penne	126712	noire	1915	Incident 80133	Kamisole 94041
Penne	127124	noir-zain	1915	Languier 100640	Lisette 103743
Penne	128140	grise	1915	Loch 98957	Bichette 56068
Pennesière	126713	gris-foncé	1915	Incident 80133	Lisette 102029
Pennine	127125	grise	1915	Lion 100756	Pirouette 64411
Pannine	128030	noire	1915	Languedoc 104423•	Etincelle 64907
Pansée	124219	noire	1915	Fier-à-Bras 65250	Joséphine 65427
Pansée	124937	grise	1915	Logis 99269	Minerve 65430
Pensée	125297	gris-foncé	1915	Labruty 99249	Kame 92295
Pansée	127126	grise	1915	Lion 100756	Jaffa 86924
Pansée	128141	grise	1915	Laurent 104533	Kantième 96337
Pension	124949	noire	1915	Kommis 93104	Brillante 81808
Pension	128143	gris-t.-f.	1915	Laguis 100589	Karte 96339
Pensionnaire	128632	grise	1915	Irradié 83254	Martha 111194
Pensive	124938	alezane	1915	Logis 99269	Miaulante 107812
Pensive	125047	noire	1915	Limacien 99821	Lagosse 101147
Pensive	126988	noire	1915	Huitain 73993	Historiette 77002
Pensive	128142	grise	1915	Laurent 104533	Lisette 98618
Pensylvanie	127130	noire	1915	Huitain 73993	Ibérienne 82217
Pentapole	124956	noir-zain	1915	Ligament 99342	Hallebarde 45174

NOM	N°	ROBE	Naissance	PÈRE	MÈRE
Pentapole	127133	noire	1915	Huitain 73993	Guillemette 71781
Pentapole	128144	grise	1915	Kouli 97151	Licorne 101915
Pentarchie	124957	gris-noir	1915	Ligament 99342	Kane 92861
Pentarchie	128146	grise	1915	Kouli 97151	Liégeuse 101917
Pentatome	128147	grise	1915	Kolomb 96547	Castille 60566
Pente	124958	noire	1915	Lanier 99292	Stella 44064
Pentélique	127137	grise	1915	Huitain 73993	Gironde 98388
Penthièvre	126592	noire	1915	Incident 80133	Konjugal 93983
Pentsée	128148	noire	1915	Lascif 103725	Mathoura 109670
Penture	124959	gris-clair	1915	Kontemporain 91579	Huée 73905
Penture	128149	bai-brun	1915	Lascif 103725	Moustache 93493
Penture	128752	noire	1915	Kaduc 95523	Fredaine 67566
Pénurie	124961	grise	1915	Labruty 99249	Judith 57995
Pénurie	128150	grise	1915	Lascif 103725	Coquette 84495
Penza	127138	noire	1915	Lichen 103432	Goyave 72633
Péone	126715	grise	1915	Incident 80133	Iris 98203
Péotte	124962	gris-foncé	1915	Lion 100756	Ignorante 79354
Péotte	128152	grise	1915	Importun 80576	Landaise 101137
Pèpe	125431	bai-chat.	1915	Josué 88841	Bichetta 90245
Pèpe	126570	noire	1915	Incident 80133	Lisette 48215
Pépette	125044	noire	1915	Limacien 99821	Joie 85901
Pépette	125180	grise	1915	Limon 99810	Litharge 99221
Pépie	125141	noir-m.-t.	1915	Képi 91690	Godichonne 70357
Pépie	125511	noire	1915	Languier 100640	Livourne 103424
Pépie	128155	noire	1915	Importun 80576	Luna 104479
Pépinière	124969	grise	1915	Lauriétin 98638	Kaptive 90779
Pépinière	126968	gris-tr.-f.	1915	Komitat 91759	Hirondelle 77200
Pépinière	128157	grise	1915	Jointif 87256	Koralline 95014
Pépinière	128587	grise	1915	Loupillon 99586	Blonde 64801
Pépita	125280	noire	1915	Laboureur 104443	Bijou 48229
Pépite	124968	grise	1915	Lumineux 100865	Komtoise 93128
Pépite	128160	grise	1915	Importun 80576	Malice 111019
Pepsine	124970	noire	1915	Lauriétin 98638	Adige 66189
Peptone	124972	noire	1915	Jugal 85444	Margot 50319
Péquée	125213	noire	1915	Loris 100377	Lavasse 100036
Péquette	125453	noire	1915	Laboureur 104443	Insanité 78780
Péra	125314	grise	1915	Lagor 100512	Sophie 54523
Péra	126571	grise	1915	Lettré 104631	Candide 57407
Percale	124973	gris-foncé	1915	Guignolet 70023	Largue 100804
Percale	128162	grise	1915	Idomen 83507	Frise 93517
Percale	128588	gris-foncé	1915	Loupillon 99586	Jouvencia 88826
Percaline	124979	noire	1915	Kimberley 92885	Pétronille 40592
Percée	124980	bai-brun	1915	Koquelin 92226	Kara 90596
Perception	124984	noire	1915	Kommis 93104	Gauchette 70566
Percerette	124987	grise	1915	Lauriétin 98638	Civette 46659

NOM	N°	ROBE	Naissance	PÈRE	MÈRE
Perceuse	128167	grise	1915	Kouli 97131	Guascotte 72193
Perche	124990	grise	1915	Lambris 97845	Soubrette 65486
Perche	125094	grise	1915	Kommis 93104	Comédie 47888
Perche	125335	bai-br.-f.	1915	Logos 99473	Lisette 59601
Perche	126716	noire	1915	Incident 80133	Musette 108904
Perche	126857	gris-foncé	1915	Lorientais 103276	Gracieuse 98475
Perche	128165	noire	1915	Importun 80576	Myrrhe 110405
Perchée	124992	bai-mar.	1915	Kommis 93104	Lisette 57417
Percheronne	125067	gris-f.-v.	1915	Julien 87316	Hippique 76669
Percheronne	125096	noir-zain	1915	Fier-à-Bras 65250	Lyrique 99056
Percheronne	126975	noire	1915	Komitat 91759	Hermine 74937
Percheronne	128582	noire	1915	Loto 104424	Roulette 55459
Percluse	124995	noire	1915	Kruor 91865	Lisette 61337
Percluse	128166	grise	1915	Jointif 87256	Ilia 98243
Perclusion	128169	grise	1915	Jointif 87256	Charmante 50699
Percussion	128170	bai-cerise	1915	Laguis 100589	Ica 82979
Perdrigon	124998	noire	1915	Limaçon 103785	Faneuse 68985
Perdrix	124996	gris-foncé	1915	Quinquina 68945	Pirouette 59539
Perdrix	125062	noire	1915	Jallieu 86306	Farine 68498
Perdrix	128173	gris-vin.	1915	Lascif 103725	Kiev 96401
Perdue	125001	noire	1915	Iowa 80989	Gradine 70580
Perdue	127140	gris-clair	1915	Kodi 94246	Carolie 56270
Perdue	128174	grise	1915	Lascif 103725	Koufuse 93984
Pérée	127141	gris-foncé	1915	Kodi 94246	Coquette 48247
Péréfixe	125457	grise	1915	Josué 88841	Gaule 70239
Péréfixe	127142	gris-foncé	1915	Kodi 94246	Locuste 103430
Pérégrine	125002	grise	1915	Komitat 91759	Logique 99656
Pérégrine	128175	grise	1915	Laguis 100589	Lutinerie 102727
Pérennité	128176	gris-foncé	1915	Instar 78857	Jolivette 93371
Péréquation	128177	grise	1915	Lascif 103725	Indienne 62278
Pérette	125658	noire	1915	Jalap 84194	Castille 66350
Perfection	125007	noire	1915	Kommis 93104	Anguille 53877
Perfide	125008	noire	1915	Képi 91690	Historique 98083
Perfide	128583	grise	1915	Loto 104424	Sultane 81571
Perfoliée	125009	alezane	1915	Képi 91690	Kaudale 91195
Pergame	127143	noir-zain	1915	Lorientais 103276	Jonction 88282
Périchole	127144	noire	1915	Ivan 81244	Jougne 88599
Périclite	125238	grise	1915	Laboureur 104443	Jubine 98416
Périgourd'ne	125010	noire	1915	Kommis 93104	Juronne 98089
Périhélie	128179	noire	1915	Laguis 100589	Kargita 96688
Périlleuse	128181	grise	1915	Jan 84219	Lirette 104499
Périne	127195	gris-foncé	1915	Languier 100640	Kokazike 94926
Périnéale	128183	noire	1915	Joab 87450	Docile 68758
Périnée	125016	grise	1915	Kontemporain 91579	Kochinchine 91963
Périnée	125407	noire	1915	Luth 99969	Kastille 89871

NOM	N°	ROBE	Naissance	PÈRE	MÈRE
Période	125012	grise	1915	Kommis 93104	Harpe 74708
Période	125095	grise	1915	Kommis 93104	Kouteuse 90600
Péripétie	125047	grise	1915	Kourlis 95894	Italie 83231
Périssoire	125019	gris-foncé	1915	Ivan 81244	Invite 79257
Péritonite	125020	noire	1915	Ivan 81244	Gothie 70300
Perle	125025	noire	1915	Lasso 103951	Laqueuse 100657
Perle	125161	noir-zain	1915	Julien 87316	Kaëlte 92166
Perle	125266	noire	1915	Koquelin 92226	Pâquerette 50807
Perle	126720	grise	1915	Incident 80133	Genette 73075
Perle	126819	grise	1915	Lannes 100896	Violette 75147
Perle	128186	noir-m.-t.	1915	Laguis 100589	Leveuse 104149
Perlette	125441	grise	1915	Josué 88841	Loude 103457
Perlière	125026	noire	1915	Lasso 103951	Kiostnère 92794
Perlière	128188	noire	1915	Lascif 103725	Lèze 104128
Permanence	128189	noire	1915	Douvreur-ex-Couvreur 58335	Longrine 102613
Permanente	127022	noire	1915	Jouillat 88642	Jubine 98502
Permesse	127148	gris-foncé	1915	Liguori 103360	Kama 89729
Permie	127150	gris-tr.-f.	1915	Ivan 81244	Kabine 95504
Permise	128199	gris-fer	1915	Kidney 96741	Molette 110004
Permission	125338	gris-foncé	1915	Ivan 81244	Abeille 46383
Permission	128190	grise	1915	Laguis 100589	Lapalisse 102826
Perne	127155	gris-foncé	1915	Kourly 92764	Madérette 69095
Pernelle	124703	gris-rouan	1915	Laboureur 104443	Godichette 70825
Pernelle	126726	noire	1915	Cœantin 54388	Laurentie 104051
Pernelle	127154	gris-foncé	1915	Luron 97902	Biche 75222
Pernelle	127196	noire	1915	Léandre 99625	Gentille 57563
Pernicieuse	128192	grise	1915	Douvreur-ex-Couvreur 58335	Kourbe 95888
Pérolle	126728	noire	1915	Jugal 85444	Ida 90084
Péronne	126730	noire	1915	Lion 100756	Gracieuse 72920
Péronne	127456	gris-foncé	1915	Kourly 92764	Métisse 108239
Péronnelle	125339	grise	1915	Karolus 93008	Intromission 79544
Péronnelle	128193	noire	1915	Laurent 104533	Helicine 75819
Péronnelle	128581	bai-chat.	1915	Loupillon 99586	Elisa 64174
Péroraison	125341	grise	1915	Incident 80133	Julia 86859
Péroraison	128194	grise	1915	Koypel 96590	Lieutenance 101927
Péroreuse	125344	grise	1915	Handin 75581	Gibecière 73372
Péroreuse	128196	gris-tr.-f.	1915	Importun 80576	Jonglerie 87268
Pérouille	126734	bai-brun	1915	Lion 100756	Immortelle 79356
Pérouse	126740	noire	1915	Larix 97978	Harde 93444
Pérouse	127162	gris-foncé	1915	Instar 78857	Jiberne 88338
Pérouse	127740	noire	1915	Luron 97902	Coquette 49411
Pérouville	126733	noir-zain	1915	Lion 100756	Méretrice 110436
Perpenna	127163	gris foncé	1915	Kourly 92764	Jute 87359
Perpétue	125268	grise	1915	Insipide 82466	Hederace 76630
Perpétue	127168	gris-foncé	1915	Koli 94246	Karlate 97675

NOM	N°	ROBE	Naissance	PÈRE	MÈRE
Perpétuelle	125345	noire	1915	Lauriétin 98638	Kampêche 90914
Perpétuelle	128201	bai-brun	1915	Léridan 104542	Ithaque 93501
Perplexe	125503	noire	1915	Lustre 99965	Gaulette 72909
Perquie	126743	grise	1915	Lion 100756	Jaseuse 86915
Perrache	125274	grise	1915	Jean-Jack 85863	Koudicque 89822
Perrette	124189	gris-foncé	1915	Koquelin 92226	Etudiante 55971
Perrette	124295	noir-zain	1915	Fier-à-Bras 65250	Sarah 56767
Perrette	125600	noire	1915	Kimberley 92885	Olga 54272
Perrette	126784	noire	1915	Lambesc 100524	Masurka 109054
Perrette	127176	gris-foncé	1915	Heainne 75604	Labasse 103488
Perrette	127900	grise	1915	Kaxton 96514	Ligroïne 101445
Perreuse	126744	noire	1915	Jugal 85444	Laurie 102111
Perrière	124963	grise	1915	Douvreur-ex-Couvreur 58335	Roublarde 59711
Perrière	125349	noire	1915	Kommis 93104	Jovienne 85448
Perrière	125499	grise	1915	Languier 100640	Kolite 95706
Perrière	127058	gris-vin.	1915	Lichen 103432	Henriette 90152
Perrière	128204	grise	1915	Lécheur 104819	Kénia 96376
Perrine	124229	noire	1915	Jallieu 86306	Klématite 92729
Perrine	124840	grise	1915	Limon 99810	Mouvette 58982
Perrine	127185	gris-foncé	1915	Joliet 89140	Lucerne 103494
Perrouse	126747	noir-zain	1915	Jugal 85444	Judith 86896
Perruche	124407	grise	1915	Laboureur 104443	Kormière 92759
Perruche	125350	gris-clair	1915	Languier 100640	Irène 80793
Perruche	128205	noire	1915	Kidney 96741	Jacquerie 98248
Perruque	125351	gris-foncé	1915	Languier 100640	Jambière 84979
Perruque	125420	grise	1915	Laboureur 104443	Sans-Tache 66740
Perruque	128207	noire	1915	Kidney 96741	Tulipe 47143
Perruse	126049	grise	1915	Koutemporain 91579	Lutèce 46017
Perrusse	126748	noire	1915	Jugal 85444	Javotte 86865
Persane	125357	grise	1915	Lauriétin 98638	Gérardière 57784
Persane	126749	grise	1915	Jugal 85444	Charmante 61472
Persane	128209	grise	1915	Koypel 96590	Kaudine 96507
Persane	128717	grise	1915	Barnac 51162	Loterie 104648
Persante	125310	gris-foncé	1915	Laboureur 104443	Nauthilde 51806
Perse	124395	noire	1915	Laboureur 104443	Fistule 75065
Perse	125356	gris-foncé	1915	Fier-à-Bras 65250	Bénédite 61718
Perse	127179	noire	1915	Lamantin 103615	Luce 103493
Perse	128208	gris-vin.	1915	Kouli 97151	Merveilleuse 109735
Persécutée	125382	noire	1915	Labruty 99249	Lamaserie 100200
Persée	127183	gris-foncé	1915	Joliet 89140	Hanchette 98395
Persienne	125380	noire	1915	Labruty 99249	La Pieuvre 65490
Persienne	128212	grise	1915	Latin 100046	Klaudine 96525
Persienne	128644	gris-foncé	1915	Languedoc 104423	Lactée 104428
Persifleuse	125634	grise	1915	Lucumon 100857	Madelon 47090
Persillée	125635	noire	1915	Jalap 84194	Lilie 65186

NOM	N°	ROBE	Naissance	PÈRE	MÈRE
Persillée	128214	grise	1915	Kerblanc 93063	Héphéméride 77705
Persillère	125638	noire	1915	Lansquenet 99293	Lombardie 101231
Persillère	128215	grise	1915	Longtemps 102618	Frisette 67944
Persique	124694	grise	1915	Languier 100640	Synovite 64052
Persique	128213	grise	1915	Longtemps 102618	Hercheuse 77491
Personée	125639	noire	1915	Lansquenet 99293	Harassée 74260
Personée	128216	grise	1915	Kerblanc 93063	Goulette 72974
Personne	125640	grise	1915	Koucou 91328	Caline 57352
Personne	128217	noire	1915	Limonadier 101461	Fanchette 60189
Personnelle	125642	grise	1915	Lanier 99292	Kodichonne 90464
Personnelle	128218	noire	1915	Livarot 100341	Lamettrie 102810
Perspective	125456	gris-fer	1915	Juin 83623	Jaivinée 85912
Perspective	125641	noire	1915	Koucou 91328	Manuelle 107987
Perspective	128219	grise	1915	Livarot 100341	Pauline 43037
Persuasion	125644	noire	1915	Lanier 99292	Lone 101241
Persuasion	128221	grise	1915	Longtemps 102618	Palmette 61090
Persuasive	125643	grise	1915	Lanier 99292	Diane 75225
Perte	125645	grise	1915	Lumineux 100865	Faisante 52939
Perte	128223	grise	1915	Longtemps 102618	Juvenilia 87502
Parthe	125115	grise	1915	Japon 84819	Chimique 54306
Parthe	126750	noire	1915	Jugal 85444	Polka 57513
Perthes	127079	noir-zain	1915	Quinquina 68945	Lisette 93393
Perthes	127448	noire	1915	Lombrical 102604	Cocotte 54534
Perthes	128508	grise	1915	Lippu 103846	Etoile 43857
Pertinence	128224	grise	1915	Longtemps 102618	Juridique 88365
Pertre	126751	grise	1915	Lion 100756	Kalote 95541
Pertuisane	128225	noire	1915	Longtemps 102618	Gentille 72088
Péruse	126752	noire	1915	Lion 100756	Khiva 95413
Péruvienne	125249	gris foncé	1915	Lasso 103951	Mouvette 97054
Péruvienne	125654	noir-zain	1915	Lanier 99292	Gila 87714
Péruvienne	128226	grise	1915	Longtemps 102618	Ingénue 82857
Pervenche	124964	grise	1915	Douvreur-ex-Couvreur 58335	Imposte 85066
Pervenche	125403	gris-foncé	1915	Ivan 81244	Mignonne 98063
Pervenche	125440	grise	1915	Josué 88841	Grilliche 71062
Pervenche	125653	grise	1915	Lanier 99292	Jacqueline 83794
Pervenche	126943	noire	1915	Jugal 85444	Esther 98417
Pervenche	128228	grise	1915	Livarot 100341	Inesse 87692
Perverse	125135	noire	1915	Japon 84819	Brillante 90184
Perverse	128230	noire	1915	Longtemps 102618	Ines 83229
Perville	126754	noire	1915	Lion 100756	Gysèle 71943
Pesade	128231	grise	1915	Kéris 93769	Volage 55237
Pesage	128234	grise	1915	Kaxton 96514	Histoire 44005
Pesante	124771	noire	1915	Fier à Bras 65250	Insistance 79495
Pesée	128235	grise	1915	Livarot 100341	Larosse 101867
Péserie	126463	noire	1915	Iowa 80989	Pimprode 57500

NOM	N°	ROBE	Naissance	PÈRE	MÈRE
Péseta	126657	gris-clair	1915	Lafayette 100646	Castille 58689
Peseta	128237	grise	1915	Latin 100016	Chique 64869
Peseuse	128238	grise	1915	Kaxton 96514	Thérésa 45328
Peslière	126755	noir-zain	1915	Jupiter 88668	Kagnotte 95474
Passe	128239	alezan-br.	1915	Kavaignac 96510	Miss 110059
Pessine	126757	grise	1915	Incident 80133	Corvette 63563
Peste	125663	grise	1915	Lansquenet 99293	Huguenote 78043
Peste	128240	grise	1915	Longtemps 102618	Longitude 102611
Peste	128645	gris-foncé	1915	Loto 104424	Rosette 48201
Pétarade	128241	grise	1915	Klaustral 91061	Ibadan 83194
Pétase	128242	grise	1915	Klaustral 91061	Mouvette 51376
Pétasse	125438	grise	1915	Laboureur 104443	Justine 98115
Pétaudière	128246	gris-fer	1915	Klaustral 91061	Coquette 55963
Petchilie	125057	noire	1915	Julien 87316	Hesbienne 76859
Pâtéchie	125134	noire	1915	Japon 84819	Lisette 54080
Pétillante	125148	noire	1915	Japon 84819	Ismarie 79390
Pétillante	127017	noire	1915	Jouillat 88642	Limeuse 104638
Pétillante	128614	grise	1915	Interprète 80665	Frivole 96843
Pétille	125133	gris fer	1915	Jean-Jack 85863	Canelle 68445
Pétille	125160	grise	1915	Koquelin 92226	Fantine 75068
Petiote	125129	gris-f.-v.	1915	Jean-Jack 85863	Manigance 105684
Petite	124225	grise	1915	Julien 87316	Castille 47080
Patite	124900	gris-vin.	1915	Japon 84819	Jonellie 85957
Patite	125673	noire	1915	Lanier 99292	Manière 105035
Patite	126813	noire	1915	Mareuil 53315	Khartoum 97707
Petite	127188	bai foncé	1915	Languier 100640	Kapote 95624
Petite	128777	grise	1915	Lannes 100896	Logette 101204
Pátition	125678	grise	1915	Lanier 99292	Sirène 65600
Petition	128248	grise	1915	Klaustral 91061	Lycope 102749
Petiville	126758	noire	1915	Incident 80133	Lava 67722
Petonne	124228	gris-fer	1915	Juin 83623	Lourde 99771
Patosse	126759	noire	1915	Incident 80133	Junon 86942
Pâtra	125022	gris-clair	1915	Lyonnais 102760	Mayenne 87699
Pâtra	127192	gris-foncé	1915	Kodi 94246	Pêche 59890
Pátrée	128249	grise	1915	Klaustral 91061	Lara 102862
Pétreuse	128250	grise	1915	Klaustral 91061	Isabelle 80887
Pétrie	128252	grise	1915	Klaustral 91061	Coquette 69195
Pétrolerie	128253	grise	1915	Limonadier 104464	Hoursine 76512
Pétrolette	125114	noire	1915	Japon 84819	Greffe 70352
Pétroleuse	128646	noire	1915	Kaisson 97384	Laridée 104427
Pétrone	127193	gris-foncé	1915	Kodi 94246	Violette 56275
Pétronille	124233	noire	1915	Hanneton 75587	Rentière 64055
Pétronille	125390	grise	1915	Lutécien 102720	Isabelle 78837
Pétronille	127194	gris-foncé	1915	Léandre 99625	Pâquerette 56276
Pâtronne	125117	grise	1915	Japon 84819	Hébé 77119

NOM	N°	ROBE	Naissance	PÈRE	MÈRE
Pattonville	126760	noire	1915	Incident 80133	Minutie 110586
Pétulance	125679	grise	1915	Longre 100470	Juridique 84886
Pétulance	128257	grise	1915	Limonadier 101461	Manique 110240
Pétunia	128258	grise	1915	Kerblanc 93063	Loutre 102665
Peuplade	125680	grise	1915	Languier 100640	Rosette 75230
Peuplade	128259	noire	1915	Lycaon 103744	Jabesh 87368
Peur	125686	grise	1915	Lanier 99292	Iris 79825
Peur	128262	grise	1915	Instar 78857	If 83206
Peureuse	125608	noire	1915	Jua 83570	Mouvette 54390
Peureuse	125687	noire	1915	Kaniveau 90726	Intention 79467
Paxonne	126761	noire	1915	Heaume 75604	Justice 86937
Peyratte	126764	noire	1915	Cocantin 54388	Korneille 94113
Peyraube	126765	noire	1915	Cocantin 54388	Kantisme 92417
Peyremale	126766	baie	1915	Cocantin 54388	Lasouche 101629
Peyrière	126767	noire	1915	Cocantin 54388	Kalcite 95489
Peyrille	126769	noire	1915	Cocantin 54388	Gigogne 98588
Peyrole	126771	baie	1915	Cocantin 54388	Levantine 104142
Phalange	125689	grise	1915	Kommis 93104	Hivette 76826
Phalange	128263	grise	1915	Lycaon 103544	Déesse 97108
Phalange	128719	noir-zain	1915	Laurent 104533	Infante 97731
Phalangette	128034	grise	1915	Languedoc 104423	Irma 81037
Phalangine	128264	grise	1915	Longtemps 102618	Moisière 107811
Phalaris	125466	noire	1915	Laboureur 104443	Jemmapes 88511
Phalène	128265	gris-foncé	1915	Instar 78857	Crème 67997
Phalère	128269	grise	1915	Limonadier 101461	Violette 55856
Pharmacie	125934	grise	1915	Limacier 99821	Kassoula 89835
Pharmacie	128266	gris-fer	1915	Instar 78857	Larive 102866
Pharnace	127198	gris-foncé	1915	Krural 91866	Jocaste 93480
Pharsale	127200	gris-foncé	1915	Krural 91866	Labesmarderie 103607
Phase	125021	noire	1915	Lyonnais 102760	Genize 69686
Phase	125691	grise	1915	Kommis 93104	Sapette 66870
Phase	127201	gris-foncé	1915	Krural 91866	Mobilité 110632
Phase	128267	gris-foncé	1915	Instar 78857	Julia 88547
Phébé	125285	gris-foncé	1915	Labruty 99249	Ecolière 62861
Phébée	127202	gris-foncé	1915	Jodelle 86049	Iodisme 78836
Phèdre	125078	grise	1915	Képi 91690	Biche 54144
Phèdre	125360	grise	1915	Fier-à-Bras 65250	Kabonga 89717
Phèdre	125396	noire	1915	Lyonnais 102760	Jarnage 86425
Phèdre	127207	gris-foncé	1915	Jodelle 86049	Lupinelle 102716
Phénate	125692	grise	1915	Languier 100640	Kochendlle 92649
Phénicie	125214	noire	1915	Lotus 100577	Infertile 79944
Phénicie	127208	gris-foncé	1915	Irradié 83254	Redus 60158
Phénicienne	125694	grise	1915	Languier 100640	Jonchères 85526
Phénicienne	127211	noire	1915	Iran 81449	Joconde 88536
Phénicienne	128270	grise	1915	Limonadier 101461	Rose 50113

NOM	N°	ROBE	Naissance	PÈRE	MÈRE
Phère	127212	noire	1915	Lori 102083	Klarante 97018
Philadelphie	127215	gris-foncé	1915	Krural 91866	Juvénilia 85598
Philaminte	127218	noire	1915	Kidney 96741	Lisette 75023
Philèbe	127219	noire	1915	Kidney 96741	Langue 104596
Philentrois	125023	grise	1915	Lyonnais 102760	Jaboteuse 83896
Philinte	127221	noire	1915	Kidney 96741	Coquette 49429
Philippeville	126596	gris-clair	1915	Lysias 103555	Jonquille 86650
Philiste	127224	gris-foncé	1915	Lagor 100512	Railleuse 63746
Philomèle	125697	grise	1915	Kaniveau 90726	Lamia 101171
Philomène	127229	gris-foncé	1915	Lorientais 103276	Hagiographie 7535
Philosophie	125699	noire	1915	Lumineux 100865	Junon 90092
Philosophie	126981	grise	1915	Jugal 85444	Kastoor 95435
Philosophie	127230	noir-zain	1915	Lorientais 103276	Lasse 97967
Phlébite	125700	noire	1915	Lumineux 100865	Kalebasse 90555
Phlébite	128278	noir-m.-t.	1915	Ludion 102688	Lisette 93492
Phliasie	127232	gris-foncé	1915	Liguori 103360	Ivanohé 80013
Phlie	124386	noire	1915	Lustre 99965	Géléine 69468
Phlioute	127231	noir-zain	1915	Liguori 103360	Ligurienne 103363
Phobie	125701	grise	1915	Koriolan 92013	Iguela 79784
Phobie	128280	noire	1915	Longtemps 102618	Minuterie 106804
Phocée	127233	noire	1915	Lorientais 103276	Jachère 88462
Phocéenne	125702	grise	1915	Koriolan 92013	Gaulette 69644
Phocide	127234	gris-clair	1915	Lorientais 103276	Marquise 75210
Pholade	125704	noire	1915	Ludion 100858	Lanoire 100974
Pholade	128282	grise	1915	Kobez 96324	Longévité 102610
Phonation	125706	noire	1915	Lesta 101962	Leude 100977
Phonolithe	125707	noire	1915	Lanier 99292	Geneviève 70679 bis
Phosphatine	125406	noire	1915	Luth 99969	Lamiole 99589
Phosphite	128284	grise	1915	Deuvreur-ex-Couvreur 58335	Castille 50656
Phrase	128285	grise	1915	Kavaignac 96510	Kayenne 96543
Phrasie	124638	gris-foncé	1915	Josué 88841	Laclaque 99539
Phratrie	128286	noir-m.-t.	1915	Lettré 104631	Lignette 104433
Phrinée	126310	noire	1915	Fier-à-Bras 65250	Iquette 79710
Phrygane	128287	grise	1915	Lettré 104631	Louise 64734
Phrygie	125497	grise	1915	Klaustral 91061	Nébuleuse 52363
Phrygie	127236	gris-foncé	1915	Jean-qui-rit 88772	Hémorrhagie 73598
Phtisie	128289	gris-foncé	1915	Jan 84219	Rose-Thé 43067
Phylaminte	125248	noire	1915	Lieuvin 103348	Junon 86022
Phylinte	125024	grise	1915	Lyonnais 102760	Genette 69684
Phyllie	128291	grise	1915	Jan 84213	Hevée 77717
Phylomène	125205	grise	1915	Loris 100377	Kadhérye 92319
Physiologie	127237	gris-foncé	1915	Liguori 103360	Gargotte 97071
Physique	125455	gris-foncé	1915	Laboureur 104443	Kasseroll 92343
Piaffe	124618	noire	1915	Koquelin 92226	Lisette II 84380
Piaffe	125711	grise	1915	Lesta 101962	Blondinette 47959

NOM	N°	ROBE	Naissance	PÈRE	MÈRE
Piaffe	128292	noire	1915	Joab 87450	Ivoire 83184
Piaffeuse	125714	noire	1915	Lougre 100470	Gauloise 69283
Piaffeuse	128293	grise	1915	Joab 87450	Latone 102876
Piaillerie	128301	gris-vin.	1915	Kangurou 91649	Ligue 104021
Piana	125283	grise	1915	Labruty 99249	Hongresse 75723
Piana	127238	gris-foncé	1915	Liguori 103360	Biche 49509
Piane	125716	noire	1915	Koquelin 92226	Huppée 74568
Piane	128296	grise	1915	Lingot 100741	Jacinthe 98530
Pianiste	125718	noire	1915	Logis 99269	Mortora 105628
Piaste	125723	grise	1915	Koquelin 92226	Klopette 104754
Piaste	128297	baie	1915	Lingot 100741	Gloire 96953
Piastre	125720	grise	1915	Jallieu 86306	Grivette 73376
Piastre	127736	gris-foncé	1915	Loupillon 99586	Malotte 111141
Piastre	128299	gris-foncé	1915	Insipide 82466	Guêpe 97131
Piaulis	125722	grise	1915	Jallieu 86306	Mascotte 34837
Piave	125275	grise	1915	Jean-Jack 85863	Lactique 97923
Piave	127241	gris-clair	1915	Krural 91866	Laruellerie 103374
Pible	125724	grise	1915	Koquelin 92226	Lisette 104751
Pible	128300	noir-zain	1915	Loquace 104466	Martelette 111250
Pica	125107	gris-ard.	1915	Képi 91690	Biche 61204
Picardie	124695	bai-chât.	1915	Languier 100640	Kolombe 95714
Picardie	127242	gris-foncé	1915	Krural 91866	Lentille 97881
Picardière	126409	noire	1915	Kapuly 92818	Noisette 55766
Picciola	125286	noire	1915	Labruty 99249	Baignade 65200
Picciola	127243	gris-foncé	1915	Krural 91866	Joufflue 88293
Picciosa	124854	gris-foncé	1915	Lumineux 100865	Ignée 78591
Pichardière	127919	gris-vin.	1915	Jordaens 87507	Hirondelle 77746
Pichatte	124690	gris-foncé	1915	Laboureur 104443	Hoschi 76069
Pichenette	125042	bai-chât.	1915	Larpent 99117	Location 99783
Pichenette	125726	grise	1915	Limacien 99821	Valseuse 52894
Pichenette	128303	noire	1915	Kangurou 91649	Harmonie 74839
Picholène	128304	grise	1915	Jalabert 85688	Klarence 96521
Picholine	125727	grise	1915	Limacien 99821	Caroline 62127
Picholine	125748	grise	1915	Lucumon 100857	Trompette 61110
Pichonne	125048	grise	1915	Larpent 99117	Coulisse 67176
Pichonnière	124781	noire	1915	Képi 91690	Hamusante 76842
Pickle	125730	noire	1915	Jallieu 86306	Girde 69870
Pickle	128305	noire	1915	Kidney 96741	Kalista 96071
Picnick	124183	noire	1915	Jallieu 86306	Horde 76713
Picorée	124255	grise	1915	Laboureur 104443	Krecelle 92333
Picorée	125731	noire	1915	Jallieu 86306	Heine 81294
Picorée	128308	grise	1915	Lascif 103725	Polka 98364
Picote	125732	grise	1915	Limacien 99821	Lisette 73374
Picote	128309	alezane	1915	Kourlis 95894	Miche 110504
Picotée	125734	noire	1915	Limacien 99821	Maxee 106339

NOM	N°	ROBE	Naissance.	PÈRE	MÈRE
Picoteuse	125753	grise	1915	Fier-à-Bras 65250	Gillonne 42812
Picotine	125750	grise	1915	Lucumon 100857	Soizette 64783
Picotte	125464	noire	1915	Josué 88841	Fracture 60353
Picoture	125733	grise	1915	Limacien 99821	Josérine 97036
Picoture	128310	bai-brun	1915	Kourlis 95894	Jouvencelle 87512
Picpouille	125735	grise	1915	Limacien 99821	Mouvette 106338
Picpoule	125738	grise	1915	Fier-à-Bras 65250	Kuvette 91908
Picpoule	128311	grise	1915	Kourlis 95894	Muscade 64743
Picrate	125751	noire	1915	Fier-à-Bras 65250	Bichette 55984
Picrate	128313	noire	1915	Kourlis 95894	Intrépide 93448
Picride	125739	noire	1915	Képi 91690	Lisette 50095
Picrique	125752	baie	1915	Fier-à-Bras 65250	Vorace 57054
Pictes	124971	gris-foncé	1915	Luth 99969	Jabotière 89073
Pictones	124702	grise	1915	Laboureur 104443	Lasagne 100669
Picturale	125741	noire	1915	Limon 99810	Maxence 107322
Picuite	124906	noire	1915	Jean-Jack 85863	Chopine 67236
Pidorière	126507	noire	1915	Kargo 92913	Vaillante 49621
Pie	125091	noire	1915	Lambris 97845	Kine 91691
Pie	125471	grise	1915	Lutécien 102720	Ingénue 78817
Pie	125742	grise	1915	Limon 99810	Causette 54734
Pie	128315	grise	1915	Loquace 104466	Irlande 87611
Pie	128576	bai-ch.	1915	Loupillon 99586	Lisa 44176
Pièce	125174	gris-foncé	1915	Limon 99810	Gamelle 69935
Pièce	125745	grise	1915	Limon 99810	Kascarille 97592
Pièce	128316	grise	1915	Loquace 104466	Jarre 89091
Piécette	125754	grise	1915	Fier-à-Bras 65250	Koutaïs 96124
Piécette	128317	grise	1915	Loquace 104466	Jouvence-88921
Piécette	128577	bai-chat.	1915	Barnac 51162	Kendora 97618
Piemère	125768	grise	1915	Képi 91690	Loque 99044
Piémontaise	125764	noire	1915	Lambris 97845	Marole 107255
Piéride	125758	gris-vin.	1915	Képi 91690	La Sarthe 46046
Piéride	127244	gris-foncé	1915	Kérouriou 92358	Mouvette 53643
Piéride	128318	grise	1915	Jalabert 85688	Lagrue 99547
Pierraille	125759	grise	1915	Képi 91690	Héroïne 74804
Pierrée	125762	noire	1915	Fier-à-Bras 65250	Sagesse 43981
Pierrée	128323	grise	1915	Limon 101457	Jallière 85993
Pierrerie	125765	noir-zain	1915	Lambris 97845	Korbeille 91610
Pierrette	125004	noire	1915	Kalcul 92482	Coquette 50320
Pierrette	125712	noire	1915	Jasmin 83835	Marbrerie 108003
Pierrette	125766	noire	1915	Lambris 97845	Mascotte 107254
Pierrette	128325	grise	1915	Lopin 102625	Marmotte 114401
Pierrette	128623	noire	1915	Karapath 97283	Godille 73234
Pierreuse	125767	gris-vin.	1915	Képi 91690	Biche 61525
Pierreuse	128329	noir-zain	1915	Jalabert 85688	Irma 68886
Pietra	127246	gris-foncé	1915	Kibry 89896	Lope 103451

NOM	N°	ROBE	Naissance	PÈRE	MÈRE
Pieuse	125771	baie	1915	Lauriétin 98638	La Noire 59327
Pieuse	128328	noire	1915	Jalabert 85688	Julienne 89044
Pieuvre	125171	gris-vin.	1915	Hanneton 75587	Globuline 69486
Pieuvre	125770	gris-foncé	1915	Fier-à-Bras 65250	Favorie 61245
Pieuvre	128327	grise	1915	Loquace 104466	Muscade 49319
Pieuvre	128592	noire	1915	Laurent 104533	Kopélie 96693
Piffe	125151	grise	1915	Japon 84819	Grimace 70998
Piffre	125772	grise	1915	Lauriétin 98638	Inverse 80588
Pigale	127247	noire	1915	Kibry 89896	Ivrée 93450
Pigalerie	126396	noire	1915	Iowa 80989	Ginette 72863
Pigalle	125090	gris-f.-v.	1915	Képi 91690	Jouaillerie 85792
Pige	124174	gris clair	1915	Josué 88841	Karte 93501
Pigeonne	124650	gris-foncé	1915	Jallieu 86306	Castille 59049
Pigeonne	125773	noire	1915	Fier-à-Bras 65250	Labrulière 100628
Pigeonne	128330	grise	1915	Loquace 104466	Mina 49320
Pigeonnette	125224	grise	1915	Loris 100377	Roulette 67331
Pignarde	125388	gris foncé	1915	Lutécien 102720	Rigolette 73418
Pignère	125775	noire	1915	Lauriétin 98638	Qualité 55972
Pignère	128331	noire	1915	Kourlis 95894	Méduline 56218
Pignerole	127248	noire	1915	Lyonnais 102760	Lorette 103452
Pigneuse	126540	grise	1915	Célibat 64968	Lambine 100871
Pigoulière	128332	noire	1915	Kourlis 95894	Havane 75295
Pigrièche	124212	grise	1915	Koriolan 92013	Givette 69637
Pilardière	126045	gris-clair	1915	Jean-qui-rit 88772	Manille 68532
Pile	125245	grise	1915	Lutécien 102720	Jaffa 86206
Pile	125776	grise	1915	Lucumon 100857	Ligature 99803
Pile	128333	noire	1915	Lapsus 104417	Mentana 110043
Pile	128590	grise	1915	Kaduc 95523	Sologne 44177
Piletière	126891	noire	1915	Lapereau 100259	Georgette 50377
Pileuse	128335	grise	1915	Loquace 104466	Jonvelle 87877
Pillarde	125780	noire	1915	Jonas 84244	Italie 80772
Pillarde	126997	noire	1915	Huitain 73993	Thérèse 53079
Pillarde	128340	grise	1915	Loquace 104466	Kapucine 97486
Pillerie	125785	noire	1915	Lorrain 101254	Lavolinière 100918
Pillerie	128339	grise	1915	Kanguron 91649	Pâquerette 56192
Pilleuse	125786	gris-t.-f.	1915	Lapsus 99303	Tempête 47147
Pilosella	125788	grise	1915	Lumineux 100865	Kasbah 91013
Piloselle	128341	noire	1915	Loquace 104466	Indonésie 98578
Pilouface	124756	gris-foncé	1915	Jallieu 86306	Grenouille 69492
Piltière	124800	grise	1915	Kruor 91865	Rustique 44837
Pilule	127023	gris-foncé	1915	Jonillat 88642	Judith 86822
Pilule	128343	noire	1915	Limon 101457	Mucette 110837
Pilule	128347	grise	1915	Klaro 97235	Krisnette 97169
Pimbêche	125797	gris clair	1915	Jonas 84244	Inspection 84407
Pimbêche	127249	noire	1915	Liguori 103360	Hesta 87505

NOM	N°	ROBE	Naissance	PÈRE	MÈRE
Pimbêche	127450	grise	1915	Jason 86475	Margot 57083
Pimbêche	128354	grise	1915	Guillaume-Tell 72926	Bichette 75077
Pimbêche	128558	noire	1915	Kaduc 95523	Louvette 104475
Pimelle	125565	alezan-r.	1915	Huitain 73993	Fauvette 98457
Pimpante	125281	bai-ch.-z.	1915	Japon 84819	Mélie 47068
Pimpante	125798	noire	1915	Kimberley 92885	Sylvanie 61107
Pimpante	126866	noir-zain	1915	Lanier 101743	Kabylie 95208
Pimpolaise	125590	gris-foncé	1915	Lumineux 100865	Obélisque 54811
Pimprenelle	128355	grise	1915	Kéris 93769	Maraude 111364
Pimprenelle	128615	grise	1915	Loto 104424	Lagune 104412
Pinace	125799	gris-foncé	1915	Koucou 91328	Kabajoue 90279
Pinasse	128356	grise	1915	Loiret 103444	Janina 89593
Pinaudière	125884	noire	1915	Jasmin 83835	Juive 84960
Pinçade	125804	gris-vin.	1915	Langaier 100640	Irritation 79086
Pince	125802	grise	1915	Lumineux 100865	Blanche 53174
Pince	128361	noir-zain	1915	Loquace 104466	Jeannette 90124
Pincée	125290	grise	1915	Josué 88841	Lavage 97962
Pincée	125803	grise	1915	Languier 100640	Mélie 54465
Pincée	128363	grise	1915	Loquace 104466	Kupide 92815
Pincette	124165	gris-r.	1915	Joyeux 88776	Maraude 111217
Pincette	125807	noire	1915	Jonas 84244	Jérichotte 83886
Pincette	128365	grise	1915	Loquace 104466	Kyrielle 97212
Pindare	127252	noir-zain	1915	Lyonnais 102760	Genève 71404
Pinéale	125808	gris-tr.-f.	1915	Jonas 84244	Cérès 47771
Pinéale	128366	rouanne	1915	Klaro 97235	Vivante 69115
Pingrerie	125809	gris tr.-f.	1915	Koucou 91328	Justice 85410
Pinière	125810	grise	1915	Koucou 91328	Lampe 101718
Pinière	128367	grise	1915	Guillaume-Tell 72926	Finette 67739
Pinine	125812	noire	1915	Jua 83570	Gargouille 66861
Pinine	128369	grise	1915	Doguet-ex-Sapeur 60641	Fanfare 93537
Pinnée	128370	grise	1915	Guillaume-Tell 72926	Elvire 87614
Pinnule	125813	baie	1915	Lapsus 99303	Rosette 75244
Pinnule	128371	grise	1915	Loiret 103444	Lina 103936
Pinque	125817	noire	1915	Kimberley 92885	Bijou 65037
Pinque	128372	grise	1915	Loiret 103444	Lisbonne 103963
Pinsonette	125254	grise	1915	Lutécien 102720	Haltesse 76866
Pintade	125818	noire	1915	Limon 99810	Lotte 101251
Pintade	128376	grise	1915	Doguet-ex-Sapeur 60641	Altière 81825
Pintade	128570	gris-foncé	1915	Loupillon 99586	Khivette 96642
Pinte	125823	grise	1915	Koquelin 92226	Icosandre 79525
Pinte	128379	grise	1915	Guillaume-Tell 72926	Fougueuse 96896
Pioche	125318	gris-foncé	1915	Laboureur 104443	Kanicule 95587
Pioche	125825	grise	1915	Logis 99269	Grenadine 70718
Pioche	128380	grise	1915	Guillaume-Tell 72926	Dantone 60322
Pioche	128739	noire	1915	Joyeux 88776	Mignonne 49908

NOM	N°	ROBE	Naissance	PÈRE	MÈRE
Piochette	124166	grise	1915	Josué 88841	Coquette 54424
Piocheuse	124836	gris-t.-f.	1915	Jouillat 88642	Larmorienne 101367
Piocheuse	125830	grise	1915	Logis 99260	Falaise 49963
Piocheuse	128378	grise	1915	Guillaume-Tell 72926	Lolotte 65030
Pipe	125831	grise	1915	Logis 99269	Inaction 81427
Pipée	125293	grise	1915	Lissoir 83623	Gigolette 52371
Pipée	125832	noire	1915	Logis 99269	Norwège 68652
Pipée	128383	grise	1915	Klaro 97235	Coquette 49792
Pipelette	124540	noire	1915	Lambris 97845	Musique 54622
Pipelette	125836	noire	1915	Jua 83570	Gascogne 71242
Pipelette	126910	bai-zain	1915	Lorientais 103276	Kotice 95844
Pipelette	127263	noire	1915	Languier 100640	Malaise 47999
Pipelette	128385	grise	1915	Guillaume Tell 72926	Jambette 85670
Piperesse	125840	noir-zain	1915	Longre 100470	Hanchane 74946
Piperie	128386	grise	1915	Guillaume-Tell 72926	Julienne 85013
Piperine	128393	grise	1915	Klaro 97235	Gavotte 72724
Piperline	125296	gris-f.-v.	1915	Josué 88841	Amusante 52717
Pipette	124224	grise	1915	Hanneton 75587	Jujube 85575
Pipette	124312	bai-cerise	1915	Képi 91690	Sucrine 68467
Pipette	124351	grise	1915	Josué 88841	Gibèle 70872
Pipette	124596	gris-foncé	1915	Limon 99810	Imbert 78969
Pipette	124755	grise	1915	Limon 99810	Rizette 51172
Pipette	124841	grise	1915	Jallieu 86306	Janvière 85238
Pipette	125189	bai-brun	1915	Douvreur-ex-Couvreur 58335	Kraquette 92766
Pipette	125838	gris-foncé	1915	Limon 99810	Chaussette 47768
Pipette	126948	grise	1915	Jugal 85444	Jerès 84029
Pipette	128397	grise	1915	Klaro 97235	Jaseuse 89000
Pipeuse	125839	gris-clair	1915	Logis 99269	Grenade 70690
Piponnette	124182	noir-rab.	1915	Jallieu 86306	Lymphe 98943
Pique	124554	noire	1915	Juin 83623	Gondole 70971
Pique	125182	gris-foncé	1915	Larpent 99117	Joséphine 84821
Pique	125843	noire	1915	Logis 99269	Fauvette 55227
Pique	128738	noire	1915	Joyeux 88776	Infante 80675
Piquette	124350	noire	1915	Jean-Jack 85863	Koquine 89820
Piquette	124820	bai zain	1915	Lambris 97845	Intrépidité 79216
Piquette	125147	gris-foncé	1915	Japon 84819	Devise 55896
Piquette	125846	rouanne	1915	Limon 99810	Hapette 74581
Piquette	126911	noir-zain	1915	Lorientais 103276	Hirma 98477
Piquette	128395	grise	1915	Lippu 103846	Mycose 110913
Piquette	128733	noire	1915	Interprète 80665	Négriote 68343
Piqueuse	128362	baie	1915	Guillaume-Tell 72926	Lingère 103815
Piqûre	124259	noire	1915	Japon 84819	Chipette 66253
Piqûre	125231	noire	1915	Loris 100377	Rouspète 54550
Piqûre	128400	grise	1915	Loto 104424	Kachette 97365
Piqûre	128401	noire	1915	Logicien 103918	Pâquerette 44288

NOM	N°	ROBE	Naissance	PÈRE	MÈRE
Pirée	127257	gris-foncé	1915	Lyonnais 102760	Hampe 75362
Pirette	126593	grise	1915	Incident 80133	Biche 84504
Pirna	127258	gris-foncé	1915	Lyonnais 102760	Lucie 103496
Pirogue	125940	grise	1915	Lucumon 100857	Kif-Kif 92999
Pirogue	128402	grise	1915	Languedoc 104423	Etoile 43101
Pirogue	128731	noire	1915	Interprète 80665	Joharde 88872
Pirotte	125131	gris-foncé	1915	Japon 84819	Suzanne 47859
Pirouette	124243	noire	1915	Lori 102083	Juvénale 86459
Pirouette	124584	noire	1915	Lapereau 100259	Célestine 61368
Pirouette	125085	gris-foncé	1915	Lambris 97845	Bijou 50099
Pirouette	125941	gris-foncé	1915	Languier 100640	Imposée 61784
Pirouette	128403	grise	1915	Loto 104424	Gazelle 73196
Piscidia	125192	grise	1915	Josué 88841	Minerve 105308
Piscine	125944	grise	1915	Logis 99269	Indigestion 78750
Piscine	128404	grise	1915	Languedoc 104423	Loquette 104492
Pise	127260	noire	1915	Lyonnais 102760	Italienne 80269
Pisidie	127261	gris-foncé	1915	Lyonnais 102760	Jansénisme 84080
Pistache	124873	grise	1915	Laboureur 104443	Kildarée 92287
Pistache	125512	grise	1915	Kaballero 95499	Jamaïque 88497
Pistache	125947	noire	1915	Lapsus 99303	Komtesse 94108
Pistache	126821	gris-foncé	1915	Jason 86475	Livadie 102905
Pistache	126942	gris-foncé	1915	Jugal 85444	Kuproli 95114
Pistache	127136	noir-zain	1915	Long 99533	Rosette 90009
Pistache	127452	noire	1915	Jaseur 89506	Brillante 55168
Pistache	128407	noire	1915	Loto 104424	Lutine 103778
Piste	125948	noire	1915	Lapsus 99303	Lisse 100309
Piste	128408	grise	1915	Kaisson 97384	Karosse 90986
Pistole	125196	grise	1915	Illettré 81310	Fauvette 49165
Pistole	125210	grise	1915	Laboureur 104443	Mascarade 58421
Pistole	125659	grise	1915	Jalap 84194	Rapide 64932
Pistole	125952	noire	1915	Jugal 85444	Figaro 63084
Pistole	128410	grise	1915	Kaisson 97384	Favorite 48081
Pistole	128562	noir-m.-t.	1915	Interprète 80665	Aurore 49914
Pistonette	127446	grise	1915	Lombrical 102604	Lionne 102904
Pitance	125953	grise	1915	Kalot 92507	Rustique 53609
Pitance	128411	noire	1915	Kaisson 97384	Hymne 78208
Pitaude	125954	grise	1915	Kalot 92507	Incertaine 80382
Pitaude	128412	grise	1915	Liquoreux 103851	Kabane 97356
Pite	125955	gris-vin.	1915	Koucou 91328	Kanamelle 90703
Pite	128418	noire	1915	Languedoc 104423	Gautoise 71441
Piterie	126615	rouan	1915	Lamantin 103615	Icone 83173
Piterne	124821	baie	1915	Képi 91690	Kanza 89930
Piteuse	125908	noire	1915	Lougre 100470	Georgette 69651
Piteuse	125956	noire	1915	Kommis 93104	Jumenteuse 85132
Piteuse	128423	grise	1915	Liquoreux 103851	Hirondelle 78382

NOM	N°	ROBE	Naissance	PÈRE	MÈRE
Pitié	124671	noire	1915	Lasso 103951	Mâtine 109868
Pitié	125957	gris-foncé	1915	Kaniveau 90726	Lamiltière 98864
Pitié	128424	noire	1915	Languedoc 104423	Kagette 97378
Pitorière	126415	grise	1915	Kalcul 92482	Latine 99602
Pitrerie	125963	gris-clair	1915	Kommis 93104	Grisette 97111
Pitrerie	128425	grise	1915	Loiret 103444	Nana 66940
Pituite	125961	grise	1915	Kontemporain 91579	Chaton 49712
Pituite	128426	grise	1915	Loiret 103444	Pelote 66941
Piverte	125619	noire	1915	Jonas 84244	Mouvette 49519
Pivoine	124203	noire	1915	Jallieu 86306	Jarre 85779
Pivoine	125966	gris-foncé	1915	Lucumon 100857	Jurée 85140
Pivoine	127447	grise	1915	Jaseur 89506	Follette 66646
Pivoine	128427	grise	1915	Loto 104424	Islande 96858
Pivoine	128740	grise	1915	Interprète 80665	Déesse 60911
Pivotte	124793	baie	1915	Fier-à-Bras 65250	Janville 85356
Place	125302	gris-foncé	1915	Labruty 99249	Labataille 99548
Place	125973	noire	1915	Lauriétin 98638	Coquette 61220
Place	128433	grise	1915	Limaçon 103785	Kalvilie 97409
Placeuse	128434	grise	1915	Loiret 103444	Josabeth 98557
Placidie	127265	gris-foncé	1915	Lagœr 100512	Charmante 43746
Placidité	125979	gris-foncé	1915	Jodelle 86049	Jocaste 88507
Placière	125976	gris-foncé	1915	Huitain 73993	Kaïfla 97679
Placière	128435	noire	1915	Limaçon 103785	Limonade 103799
Plage	125977	gris-foncé	1915	Huitain 73993	Hirondelle 97095
Plage	126051	bai-tr.-f.	1915	Képi 91690	Collette 58489
Plage	128437	noire	1915	Logicien 103918	Hulotte 87622
Plage	128732	grise	1915	Joyeux 88776	Incrédule 82749
Plagnole	126566	noir-zain	1915	Lorientais 103276	Ève 57095
Plaideuse	128438	grise	1915	Loto 104424	Limoselle 103805
Plaie	125316	noire	1915	Laboureur 104443	Motricine 63118
Plaie	125980	noire	1915	Jodelle 86049	Sylviane 67599
Plaie	128439	noire	1915	Kaisson 97384	Hougne 98538
Plaignarde	126954	noir-zain	1915	Komitat 91759	Charmante 57325
Plaine	125206	grise	1915	Loris 100377	Hélize 76793
Plaine	125983	gris-foncé	1915	Logos 99473	Jeannette 85011
Plaine	128440	grise	1915	Loiret 103444	Grivoise 72802
Plainte	125981	noire	1915	Fier-à-Bras 65250	Pirouette 61632
Plainte	128441	grise	1915	Loiret 103444	Hippiatrie 78376
Plaintive	125982	grise	1915	Fier-à-Bras 65250	Luxueuse 99776
Plaintive	128442	noire	1915	Linoléum 103830	Rivale 53646
Plaisance	126309	grise	1915	Fier-à-Bras 65250	Labelle 99251
Plaisance	127266	noire	1915	Kidney 96741	Kératine 97674
Plaisance	127456	noire	1915	Jaseur 89506	Altesse 58190
Plaisance	128445	grise	1915	Liquoreux 103851	Lavie 99635
Plaisante	124701	grise	1915	Laboureur 104443	Mouchette 67303

NOM	N°	ROBE	Naissance	PÈRE	MÈRE
Plaisante	127067	noire	1915	Karrich 92710	Grincheuse 72737
Plaisante	128446	grise	1915	Loto 104424	Linière 103826
Plaisanterie	127455	bai-brun	1915	Lombrical 102604	Thérèse 57577
Plamée	125987	grise	1915	Lucumon 100857	Langouste 100634
Plamée	128448	grise	1915	Loto 104424	Lippitude 103841
Planche	125990	gris-noir	1915	Lauriétin 98638	Jonglerie 86564
Planche	127268	gris-foncé	1915	Languier 100640	Incidence 81948
Planche	128452	grise	1915	Languedoc 104423	Camille 66483
Planchette	125992	gris-fer	1915	Koquelin 92226	Louve 99088
Planchette	128638	bai-brun	1915	Languedoc 104423	Khiva 96735
Plane	125988	grise	1915	Kallao 92188	Sonora 53234
Plane	128450	grise	1915	Languedoc 104423	Rosette 54328
Planète	125299	gris-foncé	1915	Laboureur 104443	Vaillante 64566
Planète	125993	noire	1915	Fier-à-Bras 65250	Lapatrie 98907
Planète	128454	noire	1915	Loto 104424	Linotte 103831
Planette	128605	grise	1915	Kaduc 95523	Korallie 96721
Planorbe	128455	noire	1915	Loto 1044424	Hachette 78251
Planquette	127276	gris-foncé	1915	Kidney 96741	Hulotte 76995
Plante	124455	grise	1915	Libéral 100349	Jaffa 86377
Plante	126387	noire	1915	Iowa 80989	Trompette 49649
Plante	127269	gris-foncé	1915	Lignori 103360	Jouvencelle 98506
Plante	128456	grise	1915	Logicien 103918	Kharbine 97331
Plantule	125852	noir-zain	1915	Lougre 100470	Finette 47175
Plantule	125856	grise	1915	Logis 99269	Kroquette 93687
Plantule	128457	alezane	1915	Liquoreux 103851	Krimée 92062
Plantureuse	124382	grise	1915	Huitain 73993	Clarinette 58203
Plantureuse	125859	noire	1915	Logis 99269	Hirondelle 76460
Planude	127270	gris-foncé	1915	Languier 100640	Genève 69750
Planure	125857	baie	1915	Logis 99269	Kaphite 90357
Planure	128458	noire	1915	Loto 104424	Hasardaise 78354
Plaque	125056	bai-cerise	1915	Juin 83623	Pelote 54663
Plaque	125861	grise	1915	Limon 99810	Jativa 86152
Plaque	128459	noir-zain	1915	Loto 104424	Kalèche 97395
Plaquette	125304	gris-foncé	1915	Célibat 64968	Julienne 86708
Plaquette	125853	grise	1915	Logis 99269	Irène 83353
Plaquette	128460	grise	1915	Linoléum 103830	Calédonie 66482
Plastique	125862	grise	1915	Logis 99269	Konfesse 91140
Plata	127271	gris-foncé	1915	Languier 100640	Lanifère 103670
Plate	125863	noire	1915	Limon 99810	Vigilence 63890
Platée	125865	noire	1915	Limon 99810	Vigoureuse 46649
Platée	127272	gris-foncé	1915	Quinquina 68945	Kératocéle 97673
Plateure	125866	grise	1915	Logis 99269	Incas 80468
Platine	125323	grise	1915	Laboureur 104443	Kutira 92228
Platine	125868	grise	1915	Limon 99810	Jaen 86143
Platine	128469	noire	1915	Logicien 103918	Jumelée 89187

NOM	N°	ROBE	Naissance	PÈRE	MÈRE
Platitude	125869	noire	1915	Limon 99810	Robine 54194
Plâtreuse	125870	noire	1915	Limon 99810	Kriard 91424
Plèbe	125875	grise	1915	Jonas 84244	Flamberge 61965
Pléiade	124175	noire	1915	Josué 88841	Danseuse 63235
Pléiade	125877	gris-foncé	1915	Lapsus 99303	Kellaire 90344
Pléiade	127274	gris-foncé	1915	Krural 91866	Fauvette 55810
Pleine	127278	noire	1915	Instrument 80964	Rigolette 97672
Plénière	125879	gris-noir	1915	Jasmin 83835	Joueuse 83909
Plénitude	125880	baie	1915	Lorrain 101254	Jabès 83768
Plénitude	128474	noire	1915	Loto 104424	Tulipe 57118
Plesse	125882	bai-chât.	1915	Ligament 99342	Lectoure 100956
Plesse	127054	noire	1915	Lion 100756	Indienne 82451
Plesse	128476	grise	1915	Loto 104424	Farandole 51015
Plessine	125070	noire	1915	Hanneton 75587	Risette 60560
Pleurarde	125883	bai-mar.	1915	Lanier 99292	Mirca 57430
Pleurésie	128478	noire	1915	Logicien 103918	Laque 104016
Pleurite	125891	noire	1915	Jasmin 83835	Pimpolaise 69167
Plèvre	125894	gris-noir	1915	Lougre 100470	Garantie 78460
Plèvre	128480	noire	1915	Loto 104424	Jodelle 98555
Plewna	127279	gris-foncé	1915	Kidney 96741	Italie 79321
Pliante	128481	grise	1915	Loto 104424	Avenir 67963
Plicature	125896	noire	1915	Jasmin 83835	Mégarde 108228
Plie	125895	bai-r.	1915	Lougre 100470	Giletière 70112
Plie	128485	noir-zain	1915	Linoléum 103830	Lobélie 103891
Plike	125184	grise	1915	Larpent 99117	Lydie 99038
Plina	125383	alezane	1915	Célibat 64968	Fihy 98102
Pline	125252	grise	1915	Lasso 103951	Miche 105952
Pline	127280	gris-foncé	1915	Kidney 96741	Garonne 71676
Plinthe	125898	gris-noir	1915	Jasmin 83835	Lachaise 101129
Plinthe	128486	grise	1915	Haruko-ex-Hidalgo 77104	Jocaste 89230
Plique	125899	grise	1915	Jasmin 83835	Inventeuse 79809
Plique	128490	grise	1915	Kangurou 91649	Rosalba 50324
Plissure	125901	gris-noir	1915	Jasmin 83835	Doucette 63053
Plissure	128491	grise	1915	Kangurou 91649	Kame 97414
Pliure	125904	gris-foncé	1915	Lougre 100470	Cascabelle 47957
Plombée	125902	noire	1915	Jasmin 83835	Lafourrière 100913
Plombée	128492	grise	1915	Guillaume-Tell 72926	Tempête 67459
Plombière	126575	gris-foncé	1915	Juste 85878	Labelle 103197
Plommée	125911	gris-foncé	1915	Lougre 100470	Hésitante 73762
Plommée	128493	grise	1915	Logicien 103918	Locomotive 103905
Plongée	125913	baie	1915	Lougre 100470	Vermouth 74974
Plongeuse	125915	grise	1915	Ligament 99342	Libérie 100987
Plota	127281	noire	1915	Kidney 96741	Lamétairie 103481
Pluche	125917	noir-zain	1915	Ligament 99342	Intrusion 79007
Pluche	126576	grise	1915	Incident 80133	Fauvette 75254

NOM	N°	ROBE	Naissance	PÈRE	MÈRE
Pluche	128497	grise	1915	Logicien 103918	Loganie 103910
Plucheuse	125923	grise	1915	Ligament 99342	Bichette 65644
Pluie	125919	noire	1915	Ligament 99342	Louange 100820
Pluie	128499	grise	1915	Limaçon 103785	Kalomnie 92752
Plumasserie	125924	noire	1915	Ligament 99342	Langue 100884
Plume	125092	noire	1915	Lambris 97845	Idéologie 79210
Plume	125927	gris-noir	1915	Lucumon 100857	Coquette 53906
Plume	128500	grise	1915	Limaçon 103785	Musaraigne 110867
Plumée	125928	noir-zain	1915	Larpent 99117	Isaure 80804
Plumée	128501	grise	1915	Linoléum 103830	Hollande 98537
Plumetée	125929	grise	1915	Larpent 99117	Gastralgie 69876
Plumette	125157	grise	1915	Ivan 81244	Moniche 105327
Plumette	125320	bai-cerise	1915	Lori 102083	Blague 62001
Plumeuse	125931	alezane	1915	Limacien 99821	Léchefrite 99105
Plumeuse	128502	noire	1915	Limaçon 103785	Guérite 72755
Plumule	125933	noire	1915	Fier-à-Bras 65250	Kaïdine 92898
Plumule	128504	noire	1915	Loto 104424	Istib 82674
Plurale	128507	grise	1915	Lippu 103846	Cévenne 66744
Plusvite	124803	grise	1915	Languier 100640	Brillante 52404
Pluvia	125483	grise	1915	Lasso 103951	Krustée 92796
Pluviale	128510	grise	1915	Limaçon 103785	Studieuse 59248
Pluvieuse	124787	noire	1915	Labruty 99249	Mélasse 106346
Pluvieuse	125522	gris-foncé	1915	Handin 75681	Margarine 108036
Pluvieuse	128511	noir-zain	1915	Limaçon 103785	Fauvette 51092
Pluviose	125416	grise	1915	Laboureur 104443	Monique 105356
Pochade	125524	baie	1915	Limacien 99821	Gérance 74141
Pochade	128512	grise	1915	Limaçon 103785	Lady 101386
Pocharde	125119	noir-zain	1915	Kalino 91693	Fileuse 46052
Pocharde	125502	alezane	1915	Kidney 96741	Légitime 97938
Pocharde	125526	noir-zain	1915	Kommis 93104	Kourgane 89692
Pocharde	128514	noire	1915	Lippu 103846	Kapeline 97463
Poche	125411	gris-foncé	1915	Lori 102083	Latitude 98683
Poche	125527	noire	1915	Jonas 84244	Galerie 69286
Poche	128513	noire	1915	Limaçon 103785	Hermine 93533
Pochée	125536	grise	1915	Ligament 99342	Grisette 62135
Pochée	128515	grise	1915	Limaçon 103785	Justice 87352
Pochetée	125234	grise	1915	Loris 100377	Koriquette 95078
Pochetée	125264	noire	1915	Jean-Jack 85863	Fauvette 84374
Pochetée	125529	noir-zain	1915	Lucumon 100857	Kasseuse 91029
Pochette	125253	grise	1915	Lustre 99965	Junon 85580
Pochette	125410	gris-vin.	1915	Lori 102083	Glorieuse 70243
Pochette	125530	grise	1915	Koquelin 92226	Laguénière 99983
Pochette	128516	noire	1915	Lippu 103846	Petite-Chance 54192
Pochette	128597	noire	1915	Lazzi 97935	Polka 60988
Pocheuse	125531	grise	1915	Kommis 93104	Intrigante 78653

NOM	N°	ROBE	Naissance	PÈRE	MÈRE
Podolie	126236	grise	1915	Lopin 102625	Idotée 82889
Podolie	126577	grise	1915	Incident 80133	Judée 98208
Poâlée	125533	noire	1915	Lapsus 99303	Lordose 104094
Poâlée	128517	grise	1915	Limaçon 103785	Joliette 85160
Poésie	125365	grise	1915	Huitain 73993	Languette 103277
Poésie	125534	noire	1915	Lapsus 99303	Kantisme 89666
Poésie	126562	noire	1915	Loquace 104466	Gigue 98570
Poésie	126578	noire	1915	Incident 80133	Modale 108761
Poésie	127739	grise	1915	Interprète 80665	Lisette 58323
Poésie	128518	noire	1915	Limaçon 103785	Liturgie 103884
Poétesse	125535	noire	1915	Lorrain 101254	Kachectique 90451
Poétesse	128519	noire	1915	Lippu 103846	Kanicule 97443
Poignante	125537	grise	1915	Lapsus 99303	Jetisses 83788
Poigne	125539	grise	1915	Lapsus 99303	Interrogante 79486
Poigne	128520	grise	1915	Logicien 103918	Jouvence 98560
Poignée	125540	grise	1915	Koucou 91328	Laurière 100935
Poignée	128521	baie	1915	Limaçon 103785	Giberne 97020
Poilue	125542	grise	1915	Koucou 91328	Coquette 54142
Poilue	128523	noire	1915	Languedoc 104423	Miton 61257
Pointe	124955	noire	1915	Japon 84819	Pâquerette 56382
Pointe	125543	noire	1915	Jasmin 83835	Iconographie 79520
Pointe	126579	noire	1915	Incident 80133	Irma 82468
Pointe	128526	noir-zain	1915	Loiret 103444	Lunaire 104022
Pointille	125544	gris-foncé	1915	Homard 74692	Haltère 74615
Pointille	128527	grise	1915	Loiret 103444	Katherine 96629
Pointilleuse	125554	bai-brun	1915	Lapsus 99303	Locride 99653
Peintue	125126	grise	1915	Jean-Jack 85863	Ginette 70407
Pointue	125545	noire	1915	Homard 74692	Kamomille 90687
Pointue	128528	noir zain	1915	Liquoreux 103851	Musclée 110878
Pointure	125222	noire	1915	Jean-Jack 85863	Loufoche 99145
Pointure	125558	grise	1915	Jasmin 83835	Musique 58378
Pointure	128530	grise	1915	Limaçon 103785	Lisa 104675
Poire	125560	gris-foncé	1915	Lapsus 99303	Longue 101070
Poire	128531	noir-zain	1915	Languedoc 104423	Irvine 81028
Poireau	124625	grise	1915	Lumineux 100865	Dèche 54440
Poirée	125566	noire	1915	Lapsus 99303	Gentille 69381
Poirette	125149	noire	1915	Japon 84819	Intrépide 78786
Poissarde	125570	grise	1915	Lapsus 99303	Fauvette 52890
Poissarde	128534	grise	1915	Logicien 103918	Liure 99195
Poisse	126580	noire	1915	Juste 85878	Labastide 101982
Poitevine	125572	noire	1915	Lumineux 100865	Jaffa 85462
Poitevine	128535	grise	1915	Lippu 103846	Kérimenea 89928
Poitrine	125130	noire	1915	Jean-Jack 85863	Coquette 66648
Poitrine	125573	gris-foncé	1915	Koriolan 92013	Coquette 54183
Poitrine	128539	noire	1915	Limaçon 103785	Manchette 48034

NOM	N°	ROBE	Naissance	PÈRE	MÈRE
Poivrade	125574	gris-vin.	1915	Lapsus 99303	Sansonnet 64303
Poivrade	128536	grise	1915	Limaçon 103785	Bergère 54073
Poivrée	125576	gris-foncé	1915	Koucou 91328	Ginette 69652
Poivrette	125577	grise	1915	Lapsus 99303	Hervette 74242
Poivrette	128543	grise	1915	Camail 67771	Jacasse 88665
Poivrière	128546	noire	1915	Kangurou 91649	Kamomille 97425
Poivrotte	124177	noir-zain	1915	Fier-à-Bras 65250	Rustique 59174
Pola	124552	grise	1915	Juin 83623	Latuine 99192
Pola	125288	grise	1915	Laboureur 104443	Hilliade 76782
Pola	126533	gris-foncé	1915	Koucou 91328	Kénia 93934
Pola	126581	g-r-c-d-m	1915	Incident 80133	Lisette 78512
Polacre	125593	noire	1915	Jna 83570	Indre 78615
Polacre	128548	grise	1915	Loto 104424	Hydra 87636
Polaire	125363	noire	1915	Fier à Bras 65250	Klanche 91076
Polaire	126583	noir-zain	1915	Incident 80133	Fauvette 84540
Polaire	126992	grise	1915	Huitain 73993	Hardie 93325
Polarisée	125594	noire	1915	Kimberley 98638	Kabaisse 90277
Polémique	125598	gris foncé	1915	Kimberley 92885	Gérardette 53861
Polémique	128549	noire	1915	Kaisson 97384	Polka 54455
Polémonie	125604	gris-t.-f.	1915	Koriolan 92013	Italienne 78622
Polenta	125607	grise	1915	Koucou 91328	Gardienne 70193
Police	125432	grise	1915	Juin 83623	Epoque 67405
Police	125614	gris-foncé	1915	Koucou 91328	Larigaudière 10094
Policière	125615	grise	1915	Koucou 91328	Moutonne 54258
Polie	125612	gris-vin.	1915	Jonas 84244	Marotte 107258
Polissonne	124222	grise	1915	Lissoir 99476	Galère 71343
Polissonne	124352	grise	1915	Josué 88841	Larosée 66281
Poliste	125618	noire	1915	Koucou 91328	Ignette 80453
Politesse	125621	noire	1915	Jonas 84244	Mauveine 108172
Politesse	128555	noire	1915	Loto 104424	Multitude 110854
Politique	125626	noire	1915	Jonas 84244	Kératocèle 89707
Politique	126587	noire	1915	Incident 80133	Fauvette 49721
Polka	124489	gr.-f.-t.-f.	1915	Jason 86475	Cordelière 59958
Polka	124613	noire	1915	Hiersac 76358	Harmonie 77082
Polka	125172	noire	1915	Logos 99473	Hyste 89686
Polka	125261	noire	1915	Jean-Jack 85863	Pintade 46101
Polka	125629	gris-foncé	1915	Koucou 91328	Houleuse 74219
Polka	126588	grise	1915	Incident 80133	Lutèce 102190
Polka	126624	gris-r.	1915	Krural 91866	Lactoline 102548
Polka	126809	noire	1915	Indécis 83374	Java 96961
Polka	126815	gris-foncé	1915	Marcuil 53313	Mignonne 64654
Polka	126854	grise	1915	Laceron 98868	Konfidence 91447
Polka	127287	noire	1915	Konstat 95797	Kolosse 93891
Polka	127371	gris-foncé	1915	Lysias 103555	Isare 82094
Polka	128630	noire	1915	Lazarre 104493	Brillante 50643

NOM	N°	ROBE	NAISSANCE	PÈRE	MÈRE
Polka	128770	noire	1915	Kaduc 95523	Kystique 92139
Polkatine	127445	grise	1915	Kimberley 92885	Élise 58427
Polke	125203	gris-clair	1915	Loris 100377	Jossette 86003
Polkette	128772	grise	1915	Lumineux 100865	Coquette 49658
Polkeuse	125631	gris-foncé	1915	Jasmin 83835	Izon 81019
Polle	126584	grise	1915	Jupiter 88668	Mode 108763
Pollenza	126589	noire	1915	Incident 80133	Junon 86764
Pellinie	125632	gris foncé	1915	Jasmin 83835	Korolle 91279
Pologne	124204	grise	1915	Japon 84819	Moldave 105664
Pologne	125358	grise	1915	Jallien 86306	Limande 46487
Pologne	127282	noire	1915	Krural 91866	Immaculée 79130
Pologne	128763	grise	1915	Interprète 80665	Janzéenne 88849
Polonaise	125633	grise	1915	Jasmin 83835	Kolette 90467
Peltava	127283	noire	1915	Krural 91866	Junon 90157
Peltronne	126915	noire	1915	Lagor 100512	Khédive 92067
Polyeucte	127444	noire	1915	Jason 86475	Hôtesse 75708
Polylegie	126004	noire	1915	Kommis 93104	Bichette 57924
Polymnie	126237	noire	1915	Lapin 102625	Etoile 63102
Polymnie	127291	gris-foncé	1915	Krural 91866	Koudrette 95865
Polynésie	127293	noire	1915	Quinquina 68945	Ismène 87593
Polynice	127294	noire	1915	Quinquina 68945	Charmante 56953
Polyurie	125560	noir zain	1915	Quinquina 68945	Juliennes 88069
Pemcuite	124828	noire	1915	Fier-à-Bras 65250	Loquèle 99873
Pomelle	124681	grise	1915	Jean qui-rit 88772	Dodinette 64372
Poméranie	127295	gris-foncé	1915	Lori 102083	Biche 50628
Pommade	126361	noire	1915	Quinquina 68945	Amourette 62651
Pomme	125100	gris-foncé	1915	Limon 99810	Karenne 92709
Pomme	126007	grise	1915	Jouillat 88642	Paquerette 57510
Pommée	126009	grise	1915	Léopold 101193	Harmante 97140
Pommelle	126008	grise	1915	Jouillat 88642	Marquise 57080
Pommeraie	126017	bai-foncé	1915	Kontemporain 91579	Margot 61429
Pommette	126019	noire	1915	Kontemporain 91579	Jubine 53017
Pomona	127304	noir-zain	1915	Krural 91866	Manette 61123
Pomone	127297	noire	1915	Quinquina 68945	If 79309
Pompadour	127298	noire	1915	Quinquina 68945	Lisette 104169
Pompe	124917	grise	1915	Josué 88841	Aigrette 65372
Pompe	126021	noire	1915	Komitat 91759	Sonette 40197
Pompée	127299	gris-foncé	1915	Lori 102083	Charmante 78525
Pomperie	126022	grise	1915	Karolus 93008	Kayenne 91959
Pompette	126005	noire	1915	Kommis 93104	Jalette 85089
Pompette	126971	noire	1915	Laceron 98868	Loménie 98799
Pompeuse	126006	noire	1915	Kommis 93104	Chartreuse 66625
Pomponne	125366	noire	1915	Kidney 96741	Journée 88301
Pomponne	126791	grise	1915	Kalot 92507	Javote 93279
Pomponne	127301	noire	1915	Lori 102083	Charmante 74990

NOM	N°	ROBE	Naissance	PÈRE	MÈRE
Pomponne	127443	gris-foncé	1915	Kap 92876	Kasbath 94748
Pomponne	128762	grise	1915	Interprète 80665	Mignonne 93356
Pomponnette	125581	gris-foncé	1915	Lumineux 100865	Gazelle 69570
Ponantaise	126025	gris-clair	1915	Jugal 85444	Rustique 78490
Ponette	125599	gris-foncé	1915	Kimberley 92885	Trompette 44239
Pongerville	127302	noire	1915	Jodelle 86049	Kopule 94986
Pontoise	125367	alezane	1915	Kidney 96741	Historienne 76027
Pontoise	127305	noire	1915	Konstat 95797	Laxative 99665
Pontue	125235	grise	1915	Loris 100377	Gombette 70965
Popeline	126052	noire	1915	Kalot 92507	Latente 100673
Popeline	127307	noire	1915	Jodelle 86049	Jacobée 88169
Poperinghe	127309	gris-foncé	1915	Jodelle 86049	Bleuette 42969
Popote	126053	noire	1915	Kalot 92507	Mentiane 106381
Popotte	125270	gris foncé	1915	Japon 84819	Inde 80469
Popotte	126849	noire	1915	Laceron 98868	Gravité 72779
Poppée	127310	gris-fer	1915	Jodelle 86049	Imagière 81891
Populace	126055	grise	1915	Kalot 92507	Cocarde 47357
Population	126059	grise	1915	Deguet-ex Sapeur 60641	Biche 49592
Poquette	126504	noire	1915	Kruor 91865	Justesse 86323
Porcelaine	126061	grise	1915	Kimberley 92885	Jurieuse 85055
Porcelette	125262	noire	1915	Jean-Jack 85863	Hystérie 64050
Porcherie	126063	g.-c.-d.m.	1915	Kimberley 92885	Constance 64487
Porcherie	126228	grise	1915	Fier-à-Bras 65250	Sabine 45134
Porcia	127311	noire	1915	Jodelle 86049	Blanche 56361
Porcine	126064	noire	1915	Janséniste 86818	Grenade 98587
Porée	127313	gris-fer	1915	Quinquina 68945	Hisisette 98390
Poreuse	126065	noire	1915	Kimberley 92885	Jouvence 84592
Porkerolle	127314	noire	1915	Lagor 100512	Kabriolette 95236
Porosité	126066	grise	1915	Kimberley 92885	Médiante 106494
Porque	126068	gris-foncé	1915	Kommis 93104	Alerte 57697
Porte	125256	noire	1915	Lieuvin 103348	Coquine 47912
Porte	125315	gris-f.-v.	1915	Lustre 99965	Jacasseuse 86308
Porte	126070	gris-clair	1915	Koriolan 92013	Gabier 52102
Porte	127317	gris-foncé	1915	Lori 102083	Hémiédrie 75410
Portée	126072	noire	1915	Kommis 93104	Sulfine 49573
Porteuse	126073	noire	1915	Kommis 93104	Lisette 62745
Portière	126074	gris-foncé	1915	Lauriétin 98638	Timbale 46226
Portion	126075	noire	1915	Kimberley 92885	Laitue 100597
Portugaise	126077	noire	1915	Kommis 93104	Larosaie 100566
Portune	126078	gris-foncé	1915	Kommis 93104	Konquête 91562
Posada	126079	noir-zain	1915	Kommis 93104	Konscience 91561
Posée	126080	gris clair	1915	Kimberley 92885	Rosette 61332
Positive	125454	grise	1915	Lissoir 99476	Loquette 99765
Positive	126082	noire	1915	Kimberley 92885	Navette 66662
Pospolite	126087	noire	1915	Guignolet 70023	Happe 73931

NOM	N°	ROBE	Naissance	PÈRE	MÈRE
Postale	125242	grise	1915	Lutécien 102720	Discorde 52542
Poste	126092	grise	1915	Kimberley 92885	Mouton 64784
Postérité	127068	noire	1915	Célibat 64968	Hilaritée 77020
Postiche	125462	grise	1915	Lissoir 99476	Divette 47177
Postière	124370	gris-foncé	1915	Komitat 91759	Jaffa 88489
Postière	124518	noire	1915	Komitat 91759	Coquette 53607
Postière	127127	gris-noir	1915	Ivan 81244	Lucile 103501
Posture	126096	gris-foncé	1915	Lauriétin 98638	Ignatie 79692
Potagère	126098	noire	1915	Lucumon 100857	Karriole 92533
Potasse	125093	grise	1915	Fier-à-Bras 65250	Jeunesse 85783
Potasse	125319	noire	1915	Lori 102083	Kyrielle 92215
Potasse	126097	grise	1915	Lucumon 100857	Karrure 92534
Pote	126102	noire	1915	Lambris 97845	Induite 80435
Potée	126103	grise	1915	Fier-à-Bras 65250	Doctoresse 52902
Potelée	126104	noire	1915	Limacien 99821	L'Amie 50093
Potence	125458	grise	1915	Japon 84819	Gigogne 69871
Potence	126105	grise	1915	Lucumon 100857	Hardie 74893
Potence	128729	gris-tr.-f.	1915	Interprète 80665	Coquette 56795
Potentille	126107	noire	1915	Kalot 92507	Ismène 96898
Potenza	127315	noire	1915	Quinquina 68945	Lisette 53585
Poterie	124748	noire	1915	Kroquet 91851	Lamie 104581
Poterie	126106	noire	1915	Kalot 92507	Rose 54317
Poterie	127037	noire	1915	Igli 81048	Jarretière 98504
Poterie	127702	noir-m. t.	1915	Nouvreur-ex-Couvreur 58335	Mâchoire 110131
Poterne	126109	noire	1915	Kalot 92507	Boulevardière 64459
Poterne	128599	gris-tr.-f.	1915	Loto 104424	Pivoine 59190
Potiche	125395	grise	1915	Lagor 100512	Image 79377
Potiche	126110	noire	1915	Kontemporain 91579	Louvette 97134
Potidée	124445	noire	1915	Kroquet 91851	Karillonne 90835
Potidée	127316	gris-foncé	1915	Quinquina 68945	Genny 57021
Potin	124216	grise	1915	Koquelin 92226	Eldorado 63995
Potinière	126111	gris-tr.-c.	1915	Kontemporain 91579	Clochette 59516
Potion	126113	gris-foncé	1915	Guignolet 70023	Bichette 50666
Potosi	127323	gris-foncé	1915	Jodelle 86049	Lydie 103536
Potterie	125255	bai-chât.	1915	Lutécien 102720	Glace 69466
Poubelle	125112	alezan-br.	1915	Koquelin 92226	Lisette 56435
Poucette	124830	grise	1915	Lasso 103951	Livie 99576
Poucette	126114	gris-tr.-f.	1915	Guignolet 70023	Moyette 107023
Poudre	126115	noire	1915	Kalot 92507	Larougerie 101674
Poudre	127324	noire	1915	Jodelle 86049	Brillante 56291
Poudre	127430	noire	1915	Irradié 83254	Biche 75000
Poudrerie	126116	grise	1915	Kalot 92507	Kassure 91168
Poudrette	126117	grise	1915	Guignolet 70023	Kastagnette 91169
Poudreuse	126119	noire	1915	Kalot 92507	Jale 84846
Poudrière	126124	noire	1915	Guignolet 70023	Fouine 64896

NOM	N°	ROBE	Naissance	PÈRE	MÈRE
Poudrière	126899	grise	1915	Lanier 101743	Hillarante 98608
Pougne	127325	noir-m.-t.	1915	Kagot 92240	Idoménée 98410
Pouille	127326	gris-foncé	1915	Kagot 92240	Jacante 98432
Pouillerie	126123	noir-zain	1915	Guignolet 70023	Lapie 99628
Poulaine	126124	grise	1915	Guignolet 70023	Impenne 81318
Poularde	125074	noire	1915	Hanneton 75587	Suzon 67301
Poularde	126125	gris t. cl.	1915	Kontemporain 91579	Rigolette 61328
Poule	124599	gris-foncé	1915	Jugal 85444	Chaton 68810
Poule	124652	alezane	1915	Jean-Jack 85863	Jaspe 84186
Poule	124879	noire	1915	Lapereau 100259	Girole 98463
Poule	125003	gris-clair	1915	Krupp 91855	Poule 54107
Poule	125127	gris-clair	1915	Kontemporain 91579	Rapide 66552
Poule	126568	alezane	1915	Joliet 89140	Hématurie 75402
Poule	126789	gris-clair	1915	Huron 77627	Hamette 76991
Poule	127835	noire	1915	Kommis 93104	Jaffa 84796
Poule	128606	noire	1915	Kadur 95523	Lolotte 68348
Poulette	125083	noire	1915	Fier-à-Bras 65250	Matricule 108141
Poulette	125223	noire	1915	Jean-Jack 85863	Lucette 97840
Poulette	126128	noire	1915	Kontemporain 91579	Jeannette 97110
Poulie	126130	noire	1915	Kontemporain 91579	Charmante 63209
Poulierie	126133	gris-foncé	1915	Kontemporain 91579	Égyptienne 55260
Poulle	127329	noire	1915	Kagot 92240	Jaille 88402
Poulotte	125183	noire	1915	Jallieu 86306	Laroustière 100852
Poulotte	126139	noire	1915	Kontemporain 91579	Korse 92022
Poulotte	126829	noire	1915	Konstat 95797	Laplanche 103399
Poulotte	127088	grise	1915	Quinquina 68945	Insécurité 79146
Poulpe	126135	noire	1915	Kontemporain 91579	Hirondelle 54670
Pouparde	126138	gris-foncé	1915	Kontemporain 91579	Kornique 91636
Poupe	126140	gris-foncé	1915	Libéral 100349	Incluse 80514
Poupée	126141	gris-foncé	1915	Labruty 99249	Sultane 67352
Poupée	127331	gris-foncé	1915	Larix 97978	Marienne 81800
Poupée	128596	bai-chât.	1915	Loupillon 99586	Furette 56976
Poupine	126146	grise	1915	Kontemporain 91579	Kolette 91970
Pouponne	126149	noire	1915	Juvénal 83553	Sibèle 62193
Pouponnette	125075	gris-foncé	1915	Képi 91690	Lisette 54481
Poupoule	125080	noire	1915	Lambris 97845	Brillante 65545
Poupoule	126148	gris-clair	1915	Komitat 91759	Glorieuse 90040
Pourpre	126151	grise	1915	Komitat 91759	Ivette 98074
Poursuite	126154	noire	1915	Lapereau 100259	Garenne 72590
Poussée	126156	gris-foncé	1915	Kalot 92507	Kroche 91834
Pousseraie	125616	grise	1915	Koucou 91328	Idie 78582
Poussette	124368	gris-noir	1915	Kalcul 92482	Charlotte 84412
Poussette	125419	noire	1915	Lescapé 99345	Laluette 99559
Poussette	126157	gris-foncé	1915	Jugal 85444	Princesse 52907
Poussette	128566	noire	1915	Lazzi 97935	Liardeuse 104511

NOM	N°	ROBE	Naissance	PÈRE	MÈRE
Poussière	126160	noire	1915	Kontemporain 91579	Gourgane 70738
Poussinette	125236	noire	1915	Jean-Jack 85863	Kabylie 89920
Poussive	126161	grise	1915	Kontemporain 91579	Margot 61428
Peutre	126163	noire	1915	Kalot 92507	Jactance 86376
Poutrelle	125101	noire	1915	Fier à Bras 65250	Iche 80360
Poutrelle	125104	bai-chât.	1915	Képi 91690	Lisette 50400
Poutrelle	126166	grise	1915	Kontemporain 91579	Krotone 92074
Poutrelle	128565	noire	1915	Lazzi 97935	Castille 78513
Poutrelle	128773	grise	1915	Loris 100377	Hellade 75641
Poutroye	127335	gris-foncé	1915	Lysias 103555	Boussole 65046
Pouture	126167	grise	1915	Kontemporain 91579	Ibérie 80976
Pouzole	127336	gris-t.-f.	1915	Lysias 103555	Mignonne 48175
Pradelle	127338	noire	1915	Instar 78857	Lerthe 104175
Praga	127339	gris-foncé	1915	Lysias 103555	Librairie 104183
Prague	125368	gris foncé	1915	Koucou 91328	Jalapa 83802
Prague	127342	gris-foncé	1915	Lysias 103555	Face 67704
Prairie	125369	grise	1915	Koucou 91328	Ritournelle 44142
Prairie	126170	noire	1915	Juvénal 83553	Hia 81463
Prairie	127343	gris-foncé	1915	Lysias 103555	Licence 104188
Praline	125087	grise	1915	Fier-à-Bras 65250	Mauvette 64486
Praline	126172	noire	1915	Kruor 91865	Rose 53605
Praline	128621	gris-foncé	1915	Kaduc 95523	Marsane 111169
Prame	126173	noire	1915	Ludion 100858	Larra 67058
Prasline	127348	noire	1915	Lyonnais 102760	Hoguette 98394
Pratique	126175	gris-t.-f.	1915	Juvénal 83553	Ivrée 81393
Prébende	126177	gris-clair	1915	Kroquet 91851	Magdalena 40181
Précarité	126178	grise	1915	Kroquet 91851	Baronne 55262
Préceinte	126182	grise	1915	Lapereau 100259	Coquette 42553
Précession	126183	gris-foncé	1915	Lapereau 100259	Kosmique 91299
Prêcheuse	126185	noire	1915	Kontemporain 91579	Denise 64946
Précieuse	125037	grise	1915	Fier-à-Bras 65250	Krappe 92097
Précieuse	125589	gris-foncé	1915	Lumineux 100865	Grenade 69615
Précieuse	126186	noire	1915	Lorientais 103276	Momotte 106073
Précieuse	127344	noire	1915	Lysias 103555	Liane 104170
Précieuse	127374	gris-clair	1915	Lysias 103555	Kordelière 95026
Préciosité	126187	noir-zain	1915	Kalot 92507	Inactive 81501
Précise	124757	grise	1915	Insipide 82466	Kaza 92717
Précise	126189	grise	1915	Kontemporain 91579	Potine 67338
Précision	126190	noire	1915	Guignolet 70023	Eloge 67057
Précitée	126191	gris-clair	1915	Lanier 101743	Kastille 95984
Prédelle	126196	noire	1915	Fier-à-Bras 65250	Jativa 84807
Prédilection	126497	gris-clair	1915	Guignolet 70023	Hachette 73975
Préface	126198	noir-zain	1915	Kalot 92507	Sultane 78445
Préface	128760	baie	1915	Interprète 80665	Carabine 60921
Préfecture	126199	gris-foncé	1915	Komitat 91759	Pelote 53557

NOM	N°	ROBE	Naissance	PÈRE	MÈRE
Préfète	124901	gris-foncé	1915	Koquelin 92226	Imagerie 78756
Préfète	126200	noire	1915	Kontemporain 91579	Castille 56425
Préfixe	125125	noire	1915	Japon 84819	Frisette 59290
Préfixe	126201	noire	1915	Kruor 91865	Kontrebasse 93624
Prélation	126202	grise	1915	Kaniveau 90726	Koupole 91344
Prélature	126203	noire	1915	Kaniveau 90726	Mignonne 44937
Prèle	126205	noire	1915	Karolus 93008	Kubique 91878
Prélude	125138	noir-zain	1915	Jean-Jack 85863	Iglotte 80020
Prémice	126209	noire	1915	Karolus 93008	Homologie 74009
Première	124172	grise	1915	Koriolan 92013	Margot 68584
Première	126210	noire	1915	Komitat 91759	Rosette 73339
Première	126969	gris-foncé	1915	Komitat 91759	Labelle 103245
Prémisse	126211	noire	1915	Komitat 91759	Homélie 74113
Prenante	126214	gris-tr.-cl.	1915	Jugal 85444	Marquise 54364
Préneste	127345	gris-foncé	1915	Lysias 103555	Bijou 98370
Prénotion	126216	gris-foncé	1915	Komitat 91759	Kouzine 92806
Préopinante	126217	gris-clair	1915	Kruor 91865	Aggée 66178
Préposée	126219	noire	1915	Képi 91690	Licence 99739
Préposition	126223	grise	1915	Komitat 91759	Pelote 49769
Prépotence	126224	noire	1915	Képi 91690	Libellule 100873
Prápuce	124583	grise	1915	Labruty 99249	Larme 100664
Prescience	126225	grise	1915	Képi 91690	Lacune 101669
Présence	126229	gris-foncé	1915	Iowa 80989	Rustique 48095
Présidence	126232	noire	1915	Laurictin 98638	Labiale 101642
Présidente	125250	gris-foncé	1915	Laboureur 104443	Invasion 78884
Présidiale	126231	grise	1915	Fier-à-Bras 65250	Silhouette 66829
Presle	126527	noire	1915	Juste 85878	Charmante 84507
Presle	127346	gris-foncé	1915	Lysias 103555	Lisa 104190
Presse	126304	noire	1915	Labruty 99249	Casbah 66249
Presse	127349	noire	1915	Kodi 94246	Gisette 98386
Pressée	125907	noire	1915	Jasmin 83835	Géante 69352
Pressée	125939	grise	1915	Hareng 76925	Clavette 55157
Prestation	126243	grise	1915	Lalo 100197	Indiscrète 80039
Preste	126244	grise	1915	Jean-qui-rit 88772	Vénitienne 58345
Prestesse	126245	noir-zain	1915	Jean-qui-rit 88772	Karabe 90786
Prestimonie	126246	grise	1915	Jean-qui-rit 88772	Chaton 49350
Présumée	126249	grise	1915	Illettré 81310	Binette 90093
Présure	124829	grise	1915	Fier-à-Bras 65250	Kouligane 91094
Pretantaine	126254	noire	1915	Képi 91690	Valse 67630
Prétendante	126256	noire	1915	Laurictin 98638	Paquerette 61322
Pçétention	126262	grise	1915	Képi 91690	Kune 92803
Prêteuse	126263	noir-zain	1915	Képi 91690	Loterie 66630
Prétexte	126264	grise	1915	Lambris 97845	Jambe 85669
Pretintaille	125371	gris-vin.	1915	Jasmin 83835	Médiévale 108220
Pretintaille	127350	noire	1915	Lieuvin 103348	Biche 57537

NOM	N°	ROBE	Naissance	PÈRE	MÈRE
Pretoria	127351	noire	1915	Lieuvin 103348	Kapeline 95608
Prétoriale	126266	gris-vin.	1915	Képi 91690	Martingale 64308
Prêtraille	126268	bai-brun	1915	Képi 91690	Pelote 65156
Prêtresse	126269	gris-vin.	1915	Képi 91690	Élégante 47262
Prêtrise	126270	grise	1915	Lambris 97845	Adresse 54320
Préture	126271	noire	1915	Lauriétin 98638	Kupide 91898
Preuve	125393	bai-cerise	1915	Isaac 78892	Hiclique 75732
Preuve	126272	noire	1915	Lauriétin 98638	Biche 87657
Prévelles	124517	noir-m.-t.	1915	Huitain 73993	Kasuvil 91840
Prévenance	126273	noire	1915	Képi 91690	Gamine 70777
Préventive	126274	noire	1915	Lambris 97845	Rustique 54499
Prévéza	127352	noire	1915	Jodelle 86049	Jocasse 88264
Préville	125372	gris foncé	1915	Kalhao 92188	Kaque 90785
Préville	127355	gris-foncé	1915	Klamart 96523	Courageuse 69092
Prévision	124916	grise	1915	Josué 88841	Kanotte 91654
Prévôtale	127357	gris-foncé	1915	Instar 78857	Délicière 44002
Priape	127358	gris-foncé	1915	Instar 78857	Jouvence 86433
Priène	127362	noire	1915	Klaustral 91061	Judée 88522
Prière	126282	grise	1915	Libéral 100349	Illettrée 80172
Primate	125187	grise	1915	Insipide 82466	Rosette 50413
Primate	126283	grise	1915	Libéral 100349	Juvenie 85168
Primatice	127364	gris-foncé	1915	Lysias 103555	Gamine 93440
Primatie	126284	noir-rub.	1915	Labruty 99249	Alise 56974
Primauté	126291	grise	1915	Képi 91690	Bichette 64290
Primel	124944	noire	1915	Kousso 92683	Knolle 91599
Prime	125232	grise	1915	Loris 100377	Lunette 100798
Prime	126285	grise	1915	Kalot 92507	Historiette 74270
Primerose	126286	grise	1915	Kalot 92507	Lavalette 100530
Primerose	127440	grise	1915	Kimberley 92885	Ketty 94744
Primerose	127545	gris-clair	1915	Klocher 95657	Jonque 88745
Primeur	126295	grise	1915	Képi 91690	Coudrette 43326
Primevère	125118	bai-chât.	1915	Jean-Jack 85863	Kisale 92311
Primevère	125622	gris-foncé	1915	Jonas 84244	Souriante 47843
Primevère	127441	noire	1915	Jason 86475	Jenny 84651
Primevère	128723	noire	1915	Interprète 80665	Guirlande 60824
Primitive	126297	grise	1915	Lambris 97845	Glaudine 70091
Princesse	124168	noire	1915	Barnac 51162	Ivorine 82676
Princesse	127366	gris-foncé	1915	Lysias 103555	Gaillarde 70451
Princière	126299	grise	1915	Lauriétin 98638	Jouée 86549
Printanière	126301	noire	1915	Kalot 92507	Guinguette 68704
Printanière	126976	gris-vin.	1915	Komitat 91759	Liqueur 103083
Priorité	126303	grise	1915	Jean-qui-rit 88772	Chevrette 58311
Prisca	127838	noir-m.-t.	1915	Lascif 103725	Jaïre 87380
Prise	125269	noire	1915	Juin 83623	Parfaite 65655
Prise	125434	noire	1915	Laboureur 104443	Kagnotte 97629

NOM	N°	ROBE	Naissance	PÈRE	MÈRE
Prise	126307	grise	1915	Libéral 100349	Monade 106875
Prisedarme	125063	grise	1915	Josué 88841	Luvie 99193
Prisée	125218	grise	1915	Laboureur 104443	Inique 79450
Prisée	126311	noir-zain	1915	Kommis 93104	Pelote 52106
Priseuse	126313	alezane	1915	Korallien 91611	Irène 79823
Prison	126314	grise	1915	Kruor 91865	Malice 59193
Prison	127369	gris-foncé	1915	Lamantin 103615	Impénitente 82524
Prisonnière	127370	bai-foncé	1915	Lysias 103555	Suzette 61180
Pristina	127375	baie	1915	Krural 91866	Mélodieuse 109999
Pristina	127442	grise	1915	Kimberley 92885	Victorieuse 57011
Privation	125146	grise	1915	Japon 84819	Géréniade 69914
Privation	126317	noir-m.-t.	1915	Fier-à-Bras 65250	Javie 85026
Privative	126316	noire	1915	Fier-à-Bras 65250	Bertine 59204
Privauté	126318	noire	1915	Fier-à-Bras 65250	Katignolle 92942
Privée	126319	grise	1915	Kruor 91865	Kroyance 91449
Probante	126322	grise	1915	Kalot 92507	Forestière 47829
Procédure	126327	noire	1915	Kontemporain 91579	Kuisine 91883
Procession	126329	grise	1915	Komitat 91759	Grivois 61873
Processive	126328	noire	1915	Kontemporain 91579	Irène 79551
Prochaine	126331	grise	1915	Kontemporain 91579	Huisserie 73947
Procida	125373	gris foncé	1915	Kimberley 92885	Bijou 69233
Procida	127378	noire	1915	Klaustral 91061	Jonquières 88585
Procuratie	126333	noire	1915	Jugal 85444	Kamargue 90900
Procuration	126334	grise	1915	Kalot 92507	Impatiente 81317
Procureuse	126336	grise	1915	Kontemporain 91579	Lapidée 100314
Production	126339	noire	1915	Kalot 92507	Korsage 91290
Productive	126337	grise	1915	Kontemporain 91579	Joviale 58528
Profanée	125480	noire	1915	Lambris 97845	Lice 99736
Profession	126341	grise	1915	Kontemporain 91579	Isabelle 81809
Profilée	126345	noire	1915	Kruor 91865	Goblette 71239
Profonde	126346	noire	1915	Guignolet 70023	Junon 96920
Profuse	126347	grise	1915	Kontemporain 91579	Iphigénie 81438
Profusion	126349	noire	1915	Guignolet 70023	Instruite 79753
Prohibée	126352	grise	1915	Kontemporain 91579	Cocote 53663
Prohibition	126353	grise	1915	Kontemporain 91579	Dégourdie 68846
Proie	126355	noire	1915	Lapereau 100259	Igue 81465
Projection	126358	noire	1915	Lanier 101743	Kaserte 91938
Projecture	126359	noire	1915	Lanier 101743	Grèce 98166
Prolepse	126361	noire	1915	Kalot 92507	Rosette 50517
Prolifère	126363	grise	1915	Jugal 85444	Lacheuse 100744
Prolixité	126365	noire	1915	Jugal 85444	Gérasse 69962
Prolonge	126366	grise	1915	Kalot 92507	Kaliouga 95076
Promenade	126368	grise	1915	Karolus 93008	Lisette 78489
Promesse	126369	grise	1915	Karolus 93008	Gencive 70662
Promise	124220	grise	1915	Larpent 99117	Favorite 47272

NOM	N°	ROBE	Naissance	PÈRE	MÈRE
Promise	126370	grise	1915	Kimberley 92885	Castille 64204
Promotion	126372	grise	1915	Jean-qui-rit 88772	Korinthe 92011
Promotrice	126375	grise	1915	Iowa 80989	Hirondelle 78066
Prompte	126373	noire	1915	Iowa 80989	Katerine 93741
Pronation	126378	grise	1915	Iowa 80989	Linotte 99630
Pronatrice	126377	grise	1915	Iowa 80989	Hyette 98052
Propatria	126606	gris-foncé	1915	Kaduc 95523	Mirtille 111190
Propension	126382	noire	1915	Iowa 80989	Iolka 97107
Prophétie	126384	noire	1915	Iowa 80989	Manie 107961
Prophétie	127380	gris-foncé	1915	Instar 78857	Kantienne 97669
Propice	126385	noire	1915	Iowa 80989	Larme 99591
Proportion	126389	alezane	1915	Iowa 80989	Juridique 86216
Propre	126390	noire	1915	Iowa 80989	Laryngite 99594
Propreté	126394	grise	1915	Iowa 80989	Magnificence 105405
Proprette	126392	gris-foncé	1915	Iowa 80989	Pimpante 51625
Propréture	126398	noire	1915	Iowa 80989	Virginie 64443
Propriété	126400	grise	1915	Iowa 80989	Kachexie 92958
Proscrite	126404	grise	1915	Kruor 91865	Dora 60803
Prose	126406	grise	1915	Karolus 93008	Herbette 77170
Proserpine	125199	noire	1915	Loris 100377	Serpentine 55254
Proserpine	127385	gris-r.	1915	Lysias 103555	Junon 93476
Prosodie	126410	grise	1915	Korallien 91614	Labruyère 97744
Prospection	126411	noire	1915	Kalcul 92482	Marquise 64904
Prospérité	126413	noire	1915	Kalcul 92482	Locuste 98791
Protase	126417	gris-foncé	1915	Kalcul 92482	Incomprise 81535
Protéacée	126418	gris-foncé	1915	Kalcul 92482	Lozère 98810
Protection	125143	grise	1915	Juin 83623	Sina 53124
Protection	126421	noire	1915	Karolus 93008	Herbue 76841
Protectrice	126419	noir-zain	1915	Kalcul 92482	Galice 81743
Protéique	126425	noire	1915	Kapuly 92818	Kocote 93559
Prothèse	126414	noir-zain	1915	Kalcul 92482	Hermine 81759
Prothèse	126429	bai-brun	1915	Iowa 80989	Irlande 81141
Protutrice	126436	noire	1915	Karolus 93008	Laborde 98845
Proue	126440	grise	1915	Kruor 91865	Chantense 67386
Prouesse	125278	grise	1915	Japon 84819	Krapuloz 91745
Prouesse	126441	noire	1915	Kontemporain 91579	Rosette 53795
Prouterie	125942	noire	1915	Kommis 93104	Grinche 69814
Provence	127388	gris clair	1915	Instar 78857	Louisiane 103465
Provende	126444	grise	1915	Kalcul 92482	Icaque 81166
Providence	126445	grise	1915	Kroquet 91851	Kontumace 91252
Providence	127391	gris-foncé	1915	Klaustral 91061	Rigolette 49511
Province	126446	grise	1915	Kroquet 91851	Italie 81148
Province	127392	noir-m.-t.	1915	Kourlis 95894	Killina 96831
Provinciale	127393	alezane	1915	Kourlis 95894	Justine 93461
Provision	125144	noir-zain	1915	Japon 84819	Cocodette 66708

NOM	N°	ROBE	Naissance	PÈRE	MÈRE
Provision	126447	gris-clair	1915	Kruor 91865	Cachette 55353
Provocante	126448	noire	1915	Juvénal 83553	Kontenance 93607
Provoterie	127817	grise	1915	Latin 100016	Josette 85020
Proximité	126449	grise	1915	Juvénal 83553	Canne 65209
Prude	126450	grise	1915	Juvénal 83553	Lagàte 97779
Prudence	126453	gris-foncé	1915	Kruor 91865	Lithuanie 98783
Prudence	127395	noire	1915	Lamantin 103615	Judicieuse 88749
Prudente	125247	noire	1915	Lieuvin 103348	Analyse 62707
Prudente	125585	noire	1915	Lumineux 100865	Autorité 53907
Prudente	126455	grise	1915	Juvénal 83553	Pimpante 68047
Pruderie	126456	gris-blanc	1915	Jugal 85444	Cocotte 75046
Prune	126459	grise	1915	Iowa 80989	Folichonne 60493
Prunelaie	126465	grise	1915	Kalcul 92482	Joute 86262
Prunelée	126466	noire	1915	Iowa 80989	Lèze 99686
Prunelle	124227	noire	1915	Juin 83623	Impératrice 59182
Prunelle	125127	noire	1915	Jean-Jack 85863	Léserie 102815
Prunelle	125142	noire	1915	Lambris 97845	Invitée 79224
Prunelle	126467	noire	1915	Iowa 80989	Gaulette 70577
Prunelle	128569	noire	1915	Interprète 80665	Hellie 77670
Prunette	126797	noire	1915	Huron 77627	Hermione 77588
Prussienne	124221	gris-foncé	1915	Jallieu 86306	Suzanne 66534
Prytanée	127397	noire	1915	Lamantin 103615	Hémistiche 78297
Psallette	126468	baie	1915	Iowa 80989	Mignonne 81593
Psalmodie	126469	grise	1915	Iowa 80989	Splendide 60447
Psore	126470	noire	1915	Iowa 80989	Lionne 98766
Psyché	126472	alezane	1915	Iowa 80989	Élégante 60448
Psyché	127398	gris-clair	1915	Lamantin 103615	Jugulaire 88750
Psychose	126473	noir-zain	1915	Iowa 80989	Mahonie 105410
Ptomaïne	126474	noire	1915	Iowa 80989	Rosine 61050
Ptyaline	126475	noire	1915	Iowa 80989	Korniche 91632
Puantise	126477	noire	1915	Juvénal 83553	Mégabuse 109387
Puberté	126480	grise	1915	Kruor 91865	Latente 101776
Pubienne	126481	grise	1915	Kruor 91865	Jussion 90140
Publicité	126487	grise	1915	Kaniveau 90726	Jungle 86232
Publique	126482	baie	1915	Iowa 80989	Judéenne 84594
Puccinie	126488	noire	1915	Kapuly 92818	Konjurée 93582
Puce	125113	grise	1915	Koquelin 92226	Cocotte 54483
Puce	126489	noire	1915	Kapuly 92818	Coquette 78556
Pucelle	125300	grise	1915	Josué 88844	Injure 80008
Pucelle	126490	grise	1915	Karolus 93008	Illustrée 80492
Pucette	125059	gris-foncé	1915	Fier-à-Bras 65250	Hastille 97144
Puche	126492	grise	1915	Kaniveau 90726	Konserve 93593
Pudding	125166	grise	1915	Koquelin 92226	Danse 61596
Pudicité	126499	noire	1915	Kalcul 92482	Loucharde 99901
Pudique	125097	grise	1915	Lissoir 99476	Leyde 100352

NOM	N°	ROBE	Naissance	PÈRE	MÈRE
Pudique	125443	grise	1915	Koquelin 92226	Menotte 105823
Pudique	126513	noire	1915	Kaleul 92482	Lariche 101554
Puebla	127400	noire	1915	Idomen 83507	Hégire 77912
Puérile	126501	grise	1915	Kaleul 92482	Alcine 58147
Puérilité	126502	grise	1915	Kaleul 92482	Inclémente 81530
Puinée	126503	gris foncé	1915	Kaleul 92482	Minerve 107862
Puisaye	127401	noir-zain	1915	Lamantin 103615	Jurande 98518
Puisette	125198	grise	1915	Loris 100377	Anémone 44149
Puisette	126506	noire	1915	Kargo 92913	Laréole 101551
Puissance	126508	baie	1915	Kargo 92913	Goguette 73191
Puissante	126509	noire	1915	Kaleul 92482	Paquerette 64038
Pulchérie	125109	noire	1915	Lambris 97845	Faridondaine 67797
Pulchérie	126023	grise	1915	Kontemporain 91579	Coquette 54435
Pulchérie	127402	gris-vin.	1915	Lamantin 103615	Rosette 98369
Pulna	125376	gris-foncé	1915	Languier 100640	Micronésie 106040
Pulpe	125337	noire	1915	Jean-qui-rit 88772	Poupoule 66753
Pulpe	126516	gris - clair	1915	Kruor 91865	Estelle 90088
Pulpeuse	126518	noire	1915	Lesta 101962	Sidonie 64444
Pulpoire	126835	gris-noir	1915	Laceron 98868	Césarine 46641
Pulsation	126838	noir-zain	1915	Laceron 98868	Majestueuse 67859
Pulsative	126839	noire	1915	Laceron 98868	Feuillée 63311
Pulsatrice	126836	noire	1915	Laceron 98868	Bonnetablienne 57020
Pultava	127412	gris-foncé	1915	Lamantin 103615	Impatiente 82545
Puna	126840	gris-noir	1915	Laceron 98868	Jaunette 87990
Punaise	125122	noire	1915	Jean-Jack 85863	Kilorette 92099
Punaise	125162	noire	1915	Lissoir 99476	Intuition 80439
Punaise	126841	grise	1915	Laceron 98868	Brillante 56788
Punie	126844	noire	1915	Laceron 98868	Ibérie 81039
Punition	126845	noir-zain	1915	Lorientais 103276	Romaine 68927
Pupe	126846	grise	1915	Laceron 98868	Kabasse 91232
Pupille	124572	noire	1915	Illettré 81310	Mongolie 58275
Pupille	124653	noire	1915	Japon 84819	Inflexion 79898
Pupille	126847	grise	1915	Célibat 64968	Intraitable 82225
Pure	126854	gris-noir	1915	Jodelle 86049	Kalifette 93816
Pure	127408	gris-foncé	1915	Irradié 83254	Gabelle 72682
Purée	125207	grise	1915	Laboureur 104443	Grisette 98407
Purée	126856	grise	1915	Jodelle 86049	Kyrielle 95256
Purerass	125212	grise	1915	Loris 100377	Labastille 99144
Pureté	126858	gris-vin.	1915	Long 99533	Limande 101459
Purgation	126859	grise	1915	Lapereau 100259	Melina 73429
Purga	125077	gris-vin.	1915	Lambris 97845	Kranette 92735
Purge	126861	grise	1915	Lods 100359	Lisette 50058
Purgette	124822	grise	1915	Japon 84819	Jaire 85771
Puritaine	126865	noire	1915	Karrich 92710	Légère 103081
Purpurine	126867	grise	1915	Lanier 101743	Poule 61443

NOM	N°	ROBE	Naissance	PÈRE	MÈRE
Purulence	126869	grise	1915	Karrich 92710	Combette 62857
Purulente	126870	noire	1915	Karrich 92710	Honorine 75328
Pustule	126871	grise	1915	Karrich 92710	Métamorphose 109398
Putative	126872	noire	1915	Lanier 101743	Ladame 100760
Putride	127411	noire	1915	Lamantin 103615	Lamballe 101166
Pycnide	126877	gris-vin.	1915	Jean-qui-rit 88772	Gazette 98471
Pydna	127419	gris-foncé	1915	Lamantin 103615	Jetée 88248
Pyélite	126878	grise	1915	Lanier 101743	Hallebarde 98483
Pygmée	127433	gris-foncé	1915	Lamantin 103615	Kagoule 95476
Pylade	127416	gris-foncé	1915	Lamantin 103615	Impétueuse 93427
Pylade	127432	gris-foncé	1915	Lamantin 103615	Castille 93300
Pyrale	126879	n. m. t. r.	1915	Lanier 101743	Pelote 54490
Pyramide	125139	gris-vin.	1915	Japon 84819	Flambée 68127
Pyramide	126881	noire	1915	Lanier 101743	Fredaine 64197
Pyramide	127428	noire	1915	Lamantin 103615	Castille 64484
Pyrénés	127429	noire	1915	Lamantin 103615	Jupe 93376
Pyrénéite	126882	noire	1915	Lanier 101743	Remuante 62375
Pyrexia	126883	noire	1915	Lorientais 103276	Jaretière 87947
Pyrite	126884	grise	1915	Jean-qui-rit 88772	Urgente 61097
Pyrole	126886	grise	1915	Jean-qui-rit 88772	Rochette 55127
Pyrométrie	126887	bai-br.-z.	1915	Célibat 64968	Hématie 74549
Pyrrha	127431	noire	1915	Lamantin 103615	Jubile 88079
Pythie	126888	grise	1915	Lanier 101743	Kathema 93913
Pythienne	126889	noire	1915	Lanier 101743	Brillante 53993
Pyxide	126890	grise	1915	Lanier 101743	Labelle 103060

IMPRIMERIE L. HAMARD, NOGENT-LE-ROTROU